LARS WEIGELT

KNALLBUNTE BEETE

Blütenpracht für den ganzen Sommer

blv

Was Sie in diesem Buch finden

Prächtig, prächtiger: Sommerblumen

Sind Sie bereit, Ihre Vorstellung von schön und prächtig ein wenig auf den Kopf zu stellen, es anstatt mit viel Aufwand auf die einfache und schnelle Art zu probieren? Trauen Sie sich, denn Sommerblumen sind der schnellste Weg zum Gartenglück. Los geht's!

Die Schönheit des Vergänglichen

Ein- bis zweijährige Gartenpflanzen, die salopp zusammengefasst gern als Sommerblumen bezeichnet werden, obwohl sie weit mehr sind als blüten- und effektstarke Sommerstars: Sie sind ein probates Mittel, um es in Garten und Beet mal so richtig krachen zu lassen. Wenn, dann sind es Sommerblumen, die auf dem richtigen Standort und in der richtigen Mischung in Ihrem Garten zu wahren knallbunten Beeten heranwachsen. Mit wenig Aufwand, in Windeseile – aber eben auch nur für ein bis maximal zwei Gartenjahre!

Charmantes Trio aus Schmuckkörbchen, Sonnenhut und Mehligem Salbei.

Prächig und günstig

Genau das aber verschafft Sommerblumen, deren Artenspektrum botanisch gar nicht so einfach eingegrenzt werden kann, eine formidable »Poleposition« in der Gartengestaltung. Schon bezogen auf Kosten, Aufwand und Geduld, die ein durchkomponiertes Stauden-Gräser-Beet erfordert, um zuverlässig Jahr für Jahr ein attraktives Bild zu ergeben, haben Sie mit Sommerblumen gleich mehrere Trümpfe in der Hand. Wenn Sie die unsteten und sich in spürbarer Veränderung begriffenen klimatischen Verhältnisse in die Abwägung mit einbeziehen, dann haben Sie mit ein- bis zweijährigen Gartenpflanzen die optimale Stellschraube für garantiert schöne Gartenbilder. Was nicht funktioniert, kann rasch ausgetauscht werden, ohne dass der gesamte Garten aus dem Gleichgewicht gerät.

Sommerblumen – Ihre persönliche Trumpfkarte

Die Möglichkeit, sich fast mühelos auf neue Herausforderungen einzustellen, prädestiniert Sommerblumen und kurzlebige Gartenpflanzen für nahezu alle Gartensituationen. Ob als Saatgut locker über die Flächen verstreut, als vorgezogene Jungpflanzen in perfekter Choreografie arrangiert oder in Topf und Kübel als »mobiles Grün« eingesetzt: Sommerblumen sind Ihr

Ticket zum Gartenglück. Leider nur »one way«, aber dafür von wahrlich einmaliger Schönheit!

Gärtnern mit Sommerblumen

Bevor wir die verschiedenen, oft faszinierend einfachen Möglichkeiten des schnellen Gartenglücks genauer kennenlernen, müssen Sie wissen, mit wem Sie es zu tun haben und welche Rahmenbedingungen zu beachten sind. Was also sind Sommerblumen? Worauf müssen Sie beim Gärtnern mit diesen achten? Welche Vorteile haben sie gegenüber ausdauernden, also mehrjährigen Gartenpflanzen? Wie erschaffe ich selbst mein persönliches knallbuntes Beet? Zentrale Fragen, denen wir uns im Verlauf dieses Buches noch ausführlicher widmen, dabei faktisches (Arten und Sorten, Know-how) wie taktisches (Kniffe und Tricks) Wissen kennenlernen. Die Schönheit des Vergänglichen – das Gärtnern mit Sommerblumen – wird auch Sie begeistern. Spontan und inspirierend. Kreativ und experimentierfreudig.

Aus botanischer Sicht lassen sich die Arten, die als Sommerblumen bezeichnet werden, gar nicht vollständig erfassen. Vielmehr ist es ein Sammelbegriff, der sich vornehmlich aus der kurzen, ein- bis zweijährigen Lebensdauer der darin zusammengefassten Arten ergibt. Sommerblumen vollziehen ihren kompletten Lebenszyklus – Aufkeimen, Heranwachsen, Blühen, Samen- und Fruchtbildung – in einer oder zwei Vegetationsperiode(n). Ein kurzes, dafür umso prächtigeres Glück mit einem sommerlichen Höhepunkt. Es gilt, in der kurzen Lebensphase so viel Aufmerksamkeit wie möglich – und damit das Maximum an Nachkömmlingen – zu generieren. Bei Sommerblumen dreht sich sprichwörtlich fast alles um den Sommer. Fast, denn es gibt auch Arten, die für ihre Reize den Herbst beanspruchen. Und weil Ausnahmen die Regel bestätigen, gibt es auch Arten, die botanisch zu den Stauden gezählt werden, aufgrund ihrer spezifischen Eigenschaften vorzugsweise aber wie Sommerblumen verwendet werden. Verwirrend? Nein, ein unerschöpflicher Pool an Gestaltungsmöglichkeiten!

Stolz präsentieren Sonnenblumen ihre Blütenköpfe in der Wildblumenwiese. Ein Sonnengruß par excellence!

Nur einen Sommer schön – Einjährige

Einjährige Arten, die nur einen Sommer lang blühen, mögen im Garten nur ein ganz kurzes Gastspiel abliefern. Dafür aber ist dieses ein besonderes. Ein facetten- und variantenreiches, ein wahres Spektakel der Formen und Farben. Die Vielfalt der Aspekte ist kaum zu erfassen. Die Möglichkeiten an Arrangements und Kombinationen unerschöpflich. Experimentieren erlaubt, wenn nicht sogar Pflicht! Daher verwundert es kaum, dass auch Arten, die rein genetisch mehrjährig wären, in unseren – eher gemäßigt kühlen – Gefilden »nur« einjährig kultiviert werden. Ihre Überwinterung wäre schlicht zu kompliziert. Für einjährige Sommerblumen gilt das Prinzip »keep it simple« im Besonderen.

In geschützterr Lage bilden Spinnenpflanze, Ziertabak und Süßkartoffel ein kraftvolles Arrangement.

Die »Gefahr« für tiefe Sorgenfalten darüber, dass, falls mal etwas nicht funktionieren sollte, der Garten oder Balkon und Terrasse für längere Sicht brachliegen müssten und etwaige Verluste große Löcher ins Gartenbudget reißen könnten, ist faktisch nicht gegeben. Ein paar Samentüten oder auch einige vorgezogene Jungpflänzchen sind immer drin. Angst vor herben Verlusten brauchen Sie mit Sommerblumen, erst recht mit ihren einjährigen Vertretern, nicht eine Sekunde lang zu haben. Spielt das Wetter mal nicht mit, ein spontaner Schneckenüberfall hat Sie überrascht oder mit der Zeit bekommen Sie doch eine ganz andere Vorstellung vom eigenen schönen Garten: Probleme, die Sie, wenn Sie mit einjährigen Arten »arbeiten«, garantiert nicht fürchten müssen. Mit einjährigen Arten haben Sie die beweglichsten Figuren auf dem Gartenschachbrett in Ihren Reihen. Lückenfüller, Akzentgeber, monothematische Pflanzbilder. Alles möglich, alles machbar. Lust und Laune und ein klein bisschen auch die äußeren Rahmenbedingungen entscheiden über die Wahl der jeweiligen Arten. Halten Sie sich an die Prinzipien »Trial and Error« (Versuch und Irrtum) und »alles kann, nichts muss«, dann kann nicht viel schiefgehen. Nur losgehen muss es alsbald, denn das Gartenjahr für die einjährigen Sommerblumenarten dauert nur wenige – warme – Monate. Also, nicht zu lange überlegen – loslegen.

Einfacher als mit einjährigen Arten können Sie Ihren Garten oder wahlweise Balkon und

Terrasse nicht in Szene setzen. Sie müssen sich nur trauen, den einfachsten Weg zum Gartenglück zu gehen. Zwei, drei Handgriffe (Erde und Substrate vorbereiten, aussäen …), etwas Starthilfe (düngen) und ein gelegentlicher Blick, vor allem bezogen auf die Wasserversorgung und günstige Wind-, Wetter- und Sonnenexponierung, und schon erwachsen aus den oft winzigen Sämlingen wahre Pflanzenriesen. Binnen weniger Wochen!

Völlig unerheblich, dass der Gartenspaß nur einen Sommer lang währt. Im nächsten Gartensommer werden die besten und schönsten Arten einfach wieder – im Nu – ins Bild gezaubert. Vielleicht gibt es aber auch schon wieder neue, spannende Arten und Sorten auszuprobieren. Ganz bestimmt, und darauf ist Verlass. Im Garten gibt es immer etwas Neues zu entdecken.

Vergessen Sie darüber aber den Blick auf bewährte Klassiker nicht, denn in puncto Werthaltigkeit und Zuverlässigkeit führt an ihnen kein Weg vorbei. Die Mischung macht's!

Einige Klassiker und neue Schönheiten …

… für den Garten

- Ringelblume *(Calendula officinalis)*
- Schmuckkörbchen *(Cosmos)*
- Dahlie (*Dahlia*-Hybriden)
- Italienische Strohblume *(Helichrysum italicum)*
- Fleißiges Lieschen *(Impatiens walleriana)*
- Mehliger Salbei *(Salvia farinacea)*
- Zinnie *(Zinnia)*

… für Balkon & Terrasse

- Knollen-Begonie *(Begonia × tuberhybrida)*
- Gänseblümchen *(Bellis perennis)*
- Blaues Gänseblümchen *(Brachyscome multifida)*
- Schmuckkörbchen *(Cosmos bipinnatus)*
- Männertreu *(Lobelia erinus)*
- Elfenspiegel *(Nemesia)*
- Pelargonie, »Geranie« *(Pelargonium)*

Wenn Sie dazu noch abwechslungsreichere Pflanzbilder zaubern wollen, Ihre Ansprüche an Design gern ein wenig exquisit und extrovertiert sind oder es schlichtweg größere Herausforderungen zu meistern gilt, dann lohnt sich stets ein Blick auf die einjährigen Vertreter unter den Ziergräsern und Kletterpflanzen. Auch Farne sollten Sie im Blick haben. Selbst unter den Kräutern und Gemüsen lassen sich Arten für alle und Arten für besondere Fälle finden.

Klassiker wie Schmuckkörbchen (weiß mit gelber Mitte) führen hier ihr stimmungsvolles Tänzchen auf.

Kraft für zwei Gartenjahre – Zweijährige

Hier ist mehr drin als nur eine Saison, der besondere Lebenszyklus macht's möglich. Dieser startet jeweils im Spätsommer und Herbst des Vorjahres, quasi zum Luftholen und Kraft tanken. Das Blatt- und Wurzelwerk ist während der vegetativen Phase schon kräftig ausgebildet. Nach der Überwinterung als Blattrosette warten unzählige knackige Knospen geduldig auf ihr Startsignal: die ersten warmen Sonnenstrahlen des neuen Gartenjahres. Das große Aufblühen geschieht dann förmlich von jetzt auf gleich. Die »generative Phase«, also die Bildung von Blüten und Samen, ist in vollem Gang.

Damit sind zweijährige Arten erste Wahl, um ganz früh in der Gartensaison schon die ersten richtigen Knaller zu platzieren. Einige Arten schaffen sogar noch eine weitere Vegetationsperiode, dann aber zumeist nicht mehr so üppig und kräftig blühend, aber immerhin.

Ton in Ton und doch ausgesprochen vielgestaltig eröffnen hier u. a. Gänseblümchen, Stiefmütterchen, Goldlack und Schleifenblume die Gartensaison.

An zusagenden Standorten ist durch fleißige Selbstaussaat der Fortbestand im Garten indes zweifelsohne gesichert.

Da die Artenvielfalt wesentlich geringer als bei den einjährigen Arten ist, hat man es mit dem Portfolio, aus dem sich schöpfen lässt, recht einfach. Schauen Sie mal …

Zweijährige, die immer funktionieren

- Stockrose *(Alcea rosea)*
- Marien-Glockenblume *(Campanula medium)*
- Goldlack *(Cheiranthus cheiri)*
- Bartnelke *(Dianthus barbatus)*
- Roter Fingerhut *(Digitalis purpurea)*
- Schlafmützchen, Kalifornischer Goldmohn *(Eschscholzia californica)*
- Vergissmeinnicht *(Myosotis)*
- Hornveilchen *(Viola cornuta)*
- Stiefmütterchen *(Viola × wittrockiana)*

Der Zufall ist der beste Gartengestalter

Zweijährige sind für Überraschungen gut, an die man zumeist nicht einmal gedacht hat, denn sie tauchen immer wieder an Ecken und Plätzen auf, »an denen es im letzten Jahr doch noch ganz anders aussah«. Der Zufall hat an ihnen seine wahre Freude, denn er sorgt zusammen mit Ameisen und Vögeln sowie dem Wind dafür, dass sich deren Samen überall dahin verbreiten, wo man nicht damit gerechnet hätte. Das Erstaunen ist groß, wenn sich Stockrose, Fingerhut und Königskerze an unerwarteten Stellen im Garten emporrecken.

Tulpen, Stiefmütterchen und Vergissmeinnicht sorgen für geballte Blütenpower bereits zu Jahresbeginn.

Das Löwenmäulchen trumpft hier, auch dank echter Teamplayer, etwa der samtigen Mähnen-Gerste, blütenstark auf.

Lässt man der Natur ihren freien Lauf und lässt mehr natürlich-dynamische Wildnis im Garten zu, dann entstehen Kombinationen, die einfach bezaubernd sind. Unkonventionell und doch an Ort und Stelle kaum besser passend. Echte Originale mit einer Vorliebe für Lücken und Nischen.

Zweijährige Arten, die immer genau dann keimen, blühen und aussamen, wenn einjährige oder ausdauernde Arten ihren jeweiligen Zyklus gerade hinter sich haben oder noch davorstehen, sind durch ihre launische Zufälligkeit ein Garant für Spannung und Abwechslung im eigenen Garten.

Pflegeleicht. Zuverlässig. Blütenstark.

Wenn zweijährige Arten nach der Einsaat (die frühen Sommermonate) den ersten Winter ihres Lebens gut überstanden haben, dann könnte die Basis für das kommende Gartenjahr gar nicht besser sein: Rasch wachsen mit den ersten warmen Sonnenstrahlen aus den kompakten Blattrosetten verlässliche Blütenschönheiten heran, die keinerlei besonderer Pflege bedürfen. Bis auf das Feuchthalten der Jungpflanzen und das regelmäßige Wässern bis zum Einsetzen der Blüte haben Sie kaum Arbeit. Das Entfernen von allzu aufdringlichem Unkraut,

Toller Kasten! Goldlack, Duftsteinrich und Zwerg-Weigelie kommen bestens zur Geltung.

Abzupfen von beschädigten Blättern sowie sukzessives Abknipsen von Verblühtem gehören dann schon zur »Intensivpflege«, die je nach Standort und den herrschenden Bedingungen auch gar nicht notwendig sein muss. Damit, zusammen mit einjährigen und eventuell auch ausdauernden Arten, das Bild auch wirkt, ist ein Blick auf die jeweiligen Wuchshöhen wichtig. Die allermeisten zweijährigen Arten werden nicht allzu hoch, sollten daher vorzugsweise an den Rand- und Übergangsbereichen Stellung beziehen. Das garantiert ein ganzjährig interessantes Zusammenspiel mit den Beetnachbarn, Stichwort Höhenstaffelung. Ausnahmen: die wahrlich hoch aufragenden Stockrosen *(Alcea rosea)*, Nachtkerzen *(Oenothera)* und Fingerhüte *(Digitalis purpurea)*, die gern ins Zentrum »dürfen«. Am Rand eines Beetes besteht die Gefahr, dass sie leicht nach außen kippen und umfallen.

Die Aussaat ist denkbar einfach: entweder locker auf ein gut vorbereitetes Beet mit feinkrümeliger Erde oder ins Frühbeet aussäen. Das Substrat am besten mit etwas eigener Komposterde aufwerten, um vom Start weg für gute Wuchsbedingungen zu sorgen. Eine genaue Anleitung für die Anzucht auf der Fensterbank, Pflanzung, Beetvorbereitung oder Aussaat direkt im Beet finden Sie ab Seite 84.

Kurzlebige Stauden

Ein, zwei, drei – oder sogar mehrere Jahre? Nicht winterharte und kurzlebige Stauden zählen zu den Kandidaten, die sich einfach nicht entscheiden können oder wollen, um es betont salopp auszudrücken. Viel kann, weniger muss, das heißt: Je nach Standort, dem jeweiligen Jahresverlauf und auch dem entsprechend, was Sie in puncto Pflege quasi obendrauf packen, pendelt der Lebenszyklus dieser durchweg attraktiven Gartenpflanzen.

Dabei die Grenze zwischen »kurzlebig« und »ausdauernd« (winterhart) zu ziehen fällt nicht immer leicht, zumal die Arten in ihrer Heimat zuverlässig langlebig sind. Schafft man es, die ausgewählten Kandidaten länger als zwei Jahre zu kultivieren, dann darf man ruhig seinen Stolz darüber zeigen – denn ganz ohne gärtnerische Zuwendung gelingt das in unseren Breiten zumeist nicht. Aufgrund der rapiden und über lokale Besonderheiten hinaus sich verändernden Klimasituation rücken zudem mehr und mehr Arten in den Kreis des Möglichen. Eine Erfolgsgarantie indes gibt es aber nicht.

Prominenter Vertreter ist etwa Ziertabak *(Nicotiana sylvestris)*, der es bei uns in aller Regel nicht über die Frostperiode schafft. Für den besonderen Charakter und die richtige Würze jedweder Gestaltung sind – in unseren Breiten – nicht winterharte und kurzlebige Stauden aber eine unerlässliche Zutat.

In allen sonnigen Lagen inspirierend: Patagonisches Eisenkraut.

Wärmebedürftige, aber ausdrucksstarke Gartenschönheiten

- Färberkamille *(Anthemis tinctoria)*
- Sonnenbraut *(Helenium)*
- Marokkanisches Leinkraut *(Linaria maroccana)*
- Ziertabak *(Nicotiana sylvestris)*
- Bartfaden *(Penstemon)*
- Königskerze *(Verbascum)*

Ein bisschen Zuwendung schadet nicht

Um den kurzlebigen Sensibelchen sprichwörtlich unter die Arme zu greifen, ist es ratsam, sie im September (kurz vor dem Abblühen ist ideal) konsequent bodennah abzuschneiden. Dann bilden Sonnenbraut & Co. noch vor dem ersten Frost neuen Knospen – die wichtige Basis fürs nächste Gartenjahr! Jetzt noch etwas locker-luftigen Kompost über die Beete verteilen, um das Bodenleben zu fördern (spürbare Vitalitätssteigerung der Stauden!).

Wenn alles gut läuft, sind damit vier bis fünf Jahre Standzeit sicher, danach wird es Zeit, die Stauden zu teilen und umzupflanzen, denn ihre Wuchskraft und die damit verbundene Blüten- und Samenbildung, nehmen sichtbar ab. Neuer Platz, neues Blütenglück.

Aufgrund ihres schwankenden Gemüts, sprich ihrer kaum vorhersehbaren Ausdauer ist es nicht ratsam, die wärmebedürftigen, aber ausdrucksstarken Gartenschönheiten allzu prominent im Beet zu platzieren. Als effektstarke

Der Mehlige Salbei garantiert ein wahrlich duftiges Vergnügen. Auch ohne großes Zutun Ihrerseits!

Kulisse oder punktueller, saisonaler Akzent oder gleich in Topf und Kübel sind sie aber genau in ihrem Element – und Sie brauchen keine (erwartbaren) Enttäuschungen hinsichtlich der (zu kurzen und abrupt endenden) Lebensdauer zu fürchten. Und wenn es doch ein längeres gemeinsames Stelldichein mit den kurzlebigen Sensibelchen wird, umso besser! Denn wunderschön und interessant sind sie allemal!

Bombastische Blumenfreuden – Samenbomben

Achtung Bombe! Aber keine Angst, diese Bomben sorgen für spontane Freude und Gartenglück. Auch an Plätzen, an denen eigentlich nichts wächst … bis »irgendjemand« eine Samenbombe mit hochexplosivem (keimfreudigem) Saatgut abwirft. Alles, was die noch gut eingepackten Pflanzen benötigen, ist ja bereits mit an Bord. Samenbomben (»seed bombs« oder »seed balls«) sind wahre »Gute-Laune-Bomben« und dürfen auch in Kinderhände. Ganz ausdrücklich sogar! Denn einen größeren Knetspaß, als selbst gesammelte Samen (alternativ sind auch Samentüten erlaubt) in nahrhafte Komposterde zu quetschen und zu kugeligen Bällen – Bomben – zu formen, kann man sich kaum vorstellen. Die leuchtenden Kinderaugen, wenn die Bomben, nach überraschend kurzer Zeit und Kontakt mit Wasser »explodieren« und zu wahren Blütenwundern heranwachsen, sind eine fast noch größere Belohnung als die eigentlich zum Erblühen gebrachten Pflanzen.

Trend und Tradition zugleich

Der Ursprung der Samenbomben lässt sich nicht genau zurückverfolgen, wenngleich sie mit hoher Wahrscheinlichkeit auf einen japanischen Reisbauern zurückgehen, der nach dem Ende des Zweiten Weltkrieges eine hocheffektive Methode zum leichten Ausbringen von Reis und Gerste entwickelte. Über die Permakultur- und Guerilla-Gardening-Szene gelangte seine Methode in immer mehr motivierte Hände, die vom einfach genialen Prinzip so angetan waren, dass »seed bombs« überall da geworfen wurden, wo durch menschliche Einflüsse eigentlich kein Grün mehr vorhanden war. Im Zuge der »Stadtnatur«- und Do-it-yourself-Bewegungen bekamen Samenbomben einen neuen Push – mittlerweile sind sie in mannigfaltiger Vielfalt überall und »bereit zum Abwurf« erhältlich.
Da aber das Herstellen eigener Samenbomben meist schneller von der Hand geht, als sich die jeweils passenden zu beschaffen, »bauen« wir uns unsere »seed bombs« doch gleich selbst. Wichtiger Naturschutzhinweis: Um die Ausbreitung invasiver Arten nicht zusätzlich zu fördern, sollten Sie für Samenbomben nur Samen einheimischer Arten verwenden!

Samenbomben – so geht' s!

① Ton oder Bentonit, Blumenerde, Samen. Eine Schüssel zum Mischen und Wasser.
② Geben Sie die Samen in die Erde…
③ … und das Bentonit dazu.
④ Alles gut vermischen.
⑤ Nach und nach mit Wasser zu einer knetfähigen Masse formen.
⑥ Die Masse wird zu kleinen Kugeln geformt.

Damit das Saatgut nicht keimt, muss dieser Schritt rasch erfolgen. »Open air« an einem luftigen Ort und ein, zwei sonnige Tage sind ideal! Indoor-Variante: Im Backofen bei etwa 50 °C, dann können die Bomben auch (trocken) einige Monate gelagert werden.

1
2
3
4
5
6

Alleskönner für Beet, Balkon & Terrasse

Blütenglück auf allen Etagen. Kletter- und Rankhilfen aus Stahlseilen helfen dabei.

Natürlich gehören die einjährigen Alleskönner auch ins Portfolio für ein abwechslungsreich gestaltetes und prächtiges knallbuntes Beet. Wenn Ihnen der Platz oder schlichtweg der Garten dafür fehlt, dann sind bepflanzte Töpfe und Kübel das Mittel der Wahl, um auf kleinstem Raum die größten Blumen-Blüten-Effekte zu gestalten – und Pflanzen der Kategorie »Balkonpflanzen« sind genau die richtigen Akteure und Darsteller für diesen Zweck.

Ein Blick auf einige Neuheiten am Markt zeigt, dass mittlerweile alles überall möglich ist. So gibt es mit 'Käpt'n Brise' einen wunderbar ozeanblauen Mehligen Salbei *(Salvia farinacea)*, der auch im nordisch rauen Klima zurechtkommt und sogar im Halbschatten eine gute Figur macht! Absolutes Starpotenzial besitzt 'TomTato', eine spektakuläre Kombination aus Tomate und Kartoffel, knackige Cherry-Tomaten und schmackhafte Kartoffeln inklusive! Zwei interessante Petunien-Züchtungen sorgen ebenfalls für staunende Blicke: 'Pink Star' und 'Violet Star'. Beide Züchtungen aus der 'Sternschnuppe'-Serie blühen fast den gesamten Sommer und lassen sich weder von Regen noch von Wind aus der Ruhe bringen, obendrein sind sie perfekt für größere Flächen im Freiland (für knallbunte Beete!) geeignet. Und noch eine erwähnenswerte Neuheit ergänzt das Sortiment der einjährigen Beet- und Balkonpflanzen um eine weitere wirkungsvolle Note: die Blaue Koboldblume 'Bluetiful' *(Monopsis unidentata)*. Ihre nicht enden wollende Blütenfülle ist schier magisch!

Da es aber letztlich gar nicht so auf die jeweilige Sorte ankommt, sondern auf das Arrangement und die Idee dahinter, sollte das Hauptaugenmerk für Pflanzen dieser Kategorie immer auf der spezifischen Wirkung am jeweiligen Standort liegen. Vom Handling (siehe S. 80 ff.) und vom Feeling her gibt es jedenfalls keinen leichteren und prachtvolleren Einstieg in die kunterbunte Blumenwelt. Und für das sofortige Gartenglück dürfen es für den Anfang gern vorgezogene Jungpflanzen vom Gärtner Ihres Vertrauens sein. Die eigenen, aus Samen gezogenen Pflanzen folgen (fast von allein) dann im nächsten Jahr …

Wer die Auswahl hat, hat …

… mehr als tausend Möglichkeiten, es sich im Garten sowie auf Balkon und Terrasse so richtig hübsch zu machen. Schauen wir uns einige mal genauer an. Wohlgemerkt, einige.

Körbeweise Blütenfreuden

Klassischer geht' s kaum! Warum sollten Sie diese ungemein praktische und wirkungsvolle Gestaltungsmöglichkeit, zumal sie Blütenfreuden auf ein sprichwörtlich höheres Niveau hebt, nicht auch für Ihren Garten oder Balkon und Terrasse nutzen? Ob nun klassische Blumenampel, Hanging Baskets (»hängende Körbe«, siehe S. 52/53) oder zeitgeistig-kreative Pflanzgefäße (Kartoffelsäcke, alte Dosen, Pflanztaschen usw.): alles ist bepflanzbar! Besonders raffiniert wirken Arrangements, die etagenweise und gestaffelt (Blühzeitpunkt) konzipiert sind.

So einfach und so wirkungsvoll – zweifarbige Kapkörbchen im … Körbchen.

Gerade für umfangreichere Pflanzungen im Garten lohnt sich ein erster Versuch in einem sauber abgesteckten und leicht zu überschauenden Terrain – vom Korb in den Garten.

Hochbeet zum Mitnehmen

Wenn das nicht ungemein praktisch ist! Drei (vier, fünf …) kunterbunt bepflanzte und übereinandergestapelte Einkaufskörbe machen nicht nur optisch etwas her, sondern lassen sich überall da »aufbauen«, wo Sie gerade möchten bzw. die Sonne am besten hin-

Überhängend wachsende Blütenschönheiten sind ein idealer Balkonschmuck.

kommt. Auch als temporäre Installation für Gartenfeste oder als »würziges« Accessoire (wenn explizit Küchen- und Würzkräuter gepflanzt sind) für Grillabende im Park hervorragend geeignet! Aufwand? Gemessen an der Wirkung: keiner. Was brauchen Sie? Drei (oder entsprechend mehr) Einkaufskisten (»Klappboxen«) in den Farben Ihrer Wahl, Stroh, Tonscherben, normale Gartenerde, Folie oder Vlies, Pflanzen Ihrer Wahl (vorzugsweise »einfache«, gesellige und wirkungsvolle Arten wie Kapuzinerkresse oder Portulakröschen). Einfach alles standfest übereinanderstapeln, Folie oder Vlies einziehen, Erde ohne Druck einfüllen (bis etwa 5 cm unter Oberkante) und Saatgut bzw. Jungpflanzen locker verteilen; gut angießen. Nicht vergessen: Abflusslöcher für das Gießwasser vorsehen, um Staunässe von Beginn an zu vermeiden. Nach Saisonende Pflanzenreste und Substrat komplett entfernen; Neubefüllung im Folgejahr. Spektakulär ist die Wirkung, wenn die Bepflanzung der Farbe der Kunststoff-Einkaufskisten gleicht. Gleiches Prinzip, andere – deutlich rustikalere – Wirkung: Holz- oder Weinkisten anstatt Kunststoffkisten.

Blumenwiese im Trog

Ein gleichfalls einfacher wie wirkungsvoller Landtraum! Sie haben noch irgendwo eine ausrangierte alte Zinkbadewanne oder einen knorrigen Viehtrog? Wunderbar, dann haben Sie bereits fast alles zusammen, was Sie benötigen. Dazu etwas normale Gartenerde und ein Paket an bunt gemischten Wiesenblumen (z. B. Strahldolde, Kornblume, Mohn, Große Knorpelmöhre). Um es sich nicht unnötig schwer zu machen, den Trog direkt am vorgesehenen Standort befüllen. Auch hier wichtig: Abflusslöcher für das Gießwasser nicht vergessen.

Alles paletti!

Das gestalterische Potenzial von (ausrangierten) Paletten (»Europaletten«) allein genügt für ein ganzes Buch … an dieser Stelle möchte ich Ihnen folgende raffinierte Gestaltungsidee ans Herz legen. Zwei weiß gestrichene (Farbe muss für den Außenraum geeignet sein!) und übereinandergestapelte Paletten mit einem dekorativen Pflanzgefäß als saisonale Krönung. Design pur! Für bessere Standsicherheit ist es ratsam, die Paletten untereinander gut zu verschrauben.

Die krönende Bepflanzung darf samt Gefäß durchaus pompös und extrovertiert daherkommen, die weiße Standfläche bietet dafür beste Rahmenbedingungen. Wie wäre es beispielsweise mit einer Solitärpflanzung von Japanischem Blutgras (*Imperata cylindrica* 'Red Baron') oder einer Kombination aus Skabiose, Pelargonie und Verbene?

Bunte Terrassenbeete

Einfach anzulegen, aber effektvoll sind Beete, die entweder stufenlos direkt an Terrassen angrenzen oder in diese integriert sind, z. B. durch Weglassen von Platten oder Aussparungen im Holz. Ideal sind solitär wirkende Arten wie Mehliger Salbei oder Sonnenhut. In Fugen können Sie Blaues Gänseblümchen säen.

Der prächtige Mix aus Dahlien, Petunien und Spinnenblume vermittelt charmant zwischen Beet und Rasen.

Rasant kletternde Eyecatcher

Manchmal muss es eben ganz schnell und unkompliziert gehen. Beim Thema Sichtschutz ist es für gewöhnlich mit Geduld nicht weit her. Aber kein Grund zur Sorge. Genau darauf haben sich einjährige Kletterpflanzen spezialisiert bzw. dafür sind die Powerpflanzen aus der Samentüte die richtige Wahl. Erste Wahl! Unkomplizierter können Sie keine grünen Vorhänge, Wände, Dächer etc. gestalten.

Aber nicht nur effektiver Sichtschutz ist das Metier einjähriger Kletterpflanzen. Sie eignen sich auch hervorragend für die rasche, unkomplizierte und preiswerte Berankung von Zäunen, Gittern etc. und machen in genügend großen Töpfen auch auf Balkon und Terrasse eine sehr gute Figur. Tolle vertikale Eyecatcher! Das gärtnerische Handling ist dabei wahrlich kinderleicht. Einfach zu Jahresbeginn aussäen oder vorgezogene Jungpflanzen zukaufen. Die Sortenvielfalt ist kaum zu überschauen, es gilt, nach Einsatzzweck und Standorteignung auszuwählen und: einfach probieren. Experimentieren ist ausdrücklich erlaubt.

Pflege

Gießen – Staunässe bitte vermeiden –, von Beginn an für gute Kletterbedingungen sorgen (nicht zu dicke Bambus- oder Holzstäbe, »griffige« Seile und Stricke, engmaschige Netze), nor-

Feuerbohnen bilden am Rankgerüst »grüne Wände«, die Windschutz und Hingucker in einem sind.

Prächtig. Nicht von ungefähr kamen die sonnenliebenden Prunkwinden zu ihren Namen.

male und nährstoffreiche Substrate verwenden, etwas Startdünger geben, gelegentlich den Pflanzen beim Hochranken helfen, sprich in die jeweils gewünschte Richtung leiten. Mehr ist nicht nötig.

Einjährige Kletterkünstler

- **Glockenrebe *(Cobaea):*** sonniger, warmer und geschützter Standort; bis 4 m Wuchshöhe; Aussaat ab Ende Mai; für wildromantisches Flair.
- **Prunkwinde *(Ipomoea tricolor):*** sonniger, warmer und geschützter Standort; 3 bis 5 m Wuchshöhe; Aussaat ab Ende Mai, große Blüten = große Augenweide.
- **Süßkartoffel *(Ipomoea batata):*** sonniger, warmer und geschützter Standort, wächst auch im Halbschatten; 1 bis 2 m Wuchshöhe; Aussaat ab Ende Mai; markante Blattschönheit.
- **Sternwinde *(Ipomoea quamoclit):*** sonniger, warmer und geschützter Standort; 3 bis 5 m Wuchshöhe; Aussaat ab Ende Mai; quirlig bunter Blickfang!
- **Duftwicke *(Lathyrus odoratus):*** sonniger, warmer und geschützter Standort; 1 bis 2 m Wuchshöhe; Entfernung von Verblühtem fördert die Blühwilligkeit; Aussaat ab Ende März; perfekt für Zäune!
- **Feuerbohne *(Phaseolus coccineus):*** sonniger Standort; 1 bis 2 m Wuchshöhe; Aussaat ab Mai; bildet prächtige »Wände«.
- **Rosenkelch *(Rhodochiton atrosanguineus):*** sonniger, warmer und geschützter Standort; bis 1,50 m Wuchshöhe; Aussaat ab Ende Mai; sehr elegante Blüten.
- Schwarzäugige Susanne ***(Thunbergia alata):*** sonniger, warmer und geschützter Standort; 3 bis 5 m Wuchshöhe; Aussaat ab Ende Mai; Alleskönner, aber im Topf und Kübel am schönsten!
- **Kapuzinerkresse (*Tropaeolum*-Hybriden):** sonniger, warmer und geschützter Standort; 2 bis 4 m Wuchshöhe; Aussaat ab Ende Mai; leuchtend schöner Klassiker mit essbaren Blüten.

Einfach genial. Kleiderbügel als Steighilfe für die Schwarzäugige Susanne.

Einen Versuch wert …

- **Schönranke *(Eccremocarpus scaber):*** wunderschöne Blüten, mit etwas Glück sogar mehrjährig!
- **Kanarische Kresse *(Tropaeolum peregrinum):*** sonniger bis halbschattiger Standort; fröhlich gelbe Alternative zu Kapuzinerkresse.

Gestalten mit Sommerblumen: Alles ist möglich

Und Sie selbst bestimmen es! Ob üppig, flächig, riesig, duftig, kunterbunt, monochrom, behaglich oder ausdrucksstark: die Gestaltungsmöglichkeiten mit Sommerblumen und ein- bis zweijährigen Gartenpflanzen sind grenzenlos. Probieren geht über …

Das Gartenglück selbst gestalten

Es kann losgehen. Überlegen Sie aber nicht zu lange, ob es jetzt diese oder jene Pflanze, hier oder doch lieber dort der perfekte Platz für das gewünschte knallbunte Beet sein soll. Eine Gartensaison ist schnell vorüber … und jeder wärmende Sonnenstrahl zählt.

Unerschöpfliche Möglichkeiten

Viel Zeit zum Überlegen bleibt nicht, denn es gilt so viel Effekt wie möglich in möglichst kurzer Zeit zu erzielen. Eine Saison, maximal zwei Jahre, dann ist die Show auch schon wieder vorüber. Dafür brauchen Sie den Erwartungsdruck, dass die klassischen (ausdauernden) Arrangements und Gestaltungen für Jahre gut aussehen und »funktionieren« müssen, nicht zu erfüllen. Erfüllen Sie sich stattdessen lieber Ihren persönlichen Blütentraum – einfach nach Lust und Laune losgärtnern.

Mutig kombiniert wirkt am besten, so wie hier: Amarant und Sonnenhut.

Sie können dabei zweierlei Wege beschreiten. Entweder Sie entscheiden sich für Gestaltungen, die einem thematischen Grundkontext (Gestaltung nach Farben, Formen etc.) folgen, oder Sie gehen spontan und völlig frei ans Werk. Nicht plan- und konzeptlos, aber eben frei nach dem Motto: Versuch und Irrtum (»trial and error«). Erlaubt ist, was gefällt. Und vielleicht kommen Sie nach einigen weniger stimmigen Gestaltungen doch wieder auf bewährte, dafür rundum überzeugende Rezepte zurück.

Auf den nächsten Seiten finden Sie das nötige Rüstzeug für beide Gestaltungswege, die sich auch hervorragend miteinander kombinieren lassen. Möglich ist (fast) alles, garantiert ist: Beide Wege führen zum knallbunten Beet!

Immer der Lieblingsfarbe nach

Auch wenn es immer wieder Gestaltungsansätze gibt, die ihr Augenmerk ganz explizit nicht auf Farbe legen, sondern primär an markanten Strukturen, Blütenformen und dem jeweiligen Habitus ausrichten, so schließt sich spätestens bei der spezifischen Arten- bzw. Sortenwahl letztlich doch wieder der Kreis.

Triumphierend reckt sich hier das Blaue Gänseblümchen mit seinen markanten Blütenstrahlen in den Himmel.

Sommer, Sonne, Gartenglück. Wildblumen machen's möglich!

Um Farbe kommt man, kommen Sie nicht herum, denn als subjektives Kriterium bestimmt Farbe immer mit. Farbe und Farbklima waren, sind und bleiben die Wegweiser (fast) jeder Gartengestaltung. Die Schlagrichtung bestimmt der erste (Farb-)Eindruck in jedem Fall.

Ein bisschen Theorie

Die Wahrnehmung und Wirkung von Farben ist immer subjektiv, jeder empfindet anders. Aber es gibt für jede Grundfarbigkeit allgemeingültige Tendenzen, welche Wirkung sie auf unsere Sinne entfaltet. Danach lassen sich Farben ganz bewusst und gezielt einsetzen.

Warme Farben

Gelb-, Orange- und Rottöne werden allgemein als warme Farben eingestuft, eine fröhliche, lebhafte Grundstimmung ist ihnen eigen, zudem besitzen sie eine enorme Leuchtkraft – auch von Weitem. Für unsere knallbunten Beete sind diese Farben ungemein wichtig! Damit es aber nicht zu farbintensiv und erdrückend fröhlich wird, denn vornehme Zurückhaltung kennen die drei nicht, sollten Sie diese kontraststarken Farben immer mit Augenmaß einsetzen und genug Grün als Vermittler einplanen. Es sei denn, Sie wollen ein regelrechtes Blüten-Farbfeuerwerk veranstalten, dann sind das Ihre Lieblingsfarben!

Kühle Farben

Als eher kühl und sich einfügend hingegen wirken alle Blautöne und auch das oft edel wirkende Violett. Ganz vornehm gestalten Sie, wenn Sie diesen beiden betont weiß blühende Sommerblumen oder Stauden beimischen und auf die verbindende Wirkung des Pflanzengrüns setzen.

Zwischentöne

Neben knackigen Vollfarbtönen sind es Zwischentöne (Nuancen) und »Vermittler« (Weiß, Grün, Rosa), mit denen Sie die jeweilige Grundrichtung untermalen oder intensivieren respektive abschwächen können. Generell wirken Arrangements, die nicht auf plakative Blütenfarben setzen, wesentlich edler und natürlicher. Allerdings hängt das stets mit der jeweiligen Umgebung und dem persönlichen Stil zusammen. Farbe und ihre Wirkung: ein subjektives Empfinden.

Wirkungsvolle Grundrezepte

Kontrast

Spannung garantiert! Kombinationen von warmen mit kühlen sowie hellen und dunklen Farben lassen im Beet schnell ein echtes Farbfeuerwerk entstehen; die Schwierigkeit besteht darin, die Abstufungen und die jeweiligen Hauptdarsteller zu finden; maximal kontrastreich sind z. B. folgende Kombinationen: Gelb – Violett, Orange – Blau, Rot – Weiß.

Harmonie

Harmonie ist immer gut, aber hierfür bedarf es möglichst feiner Farbabstufungen (Übergänge oder Verläufe) zwischen den einzelnen Arten; Trick 17: verschiedene Sorten einer Art anstatt verschiedene Arten; gut machbar sind harmonische Gestaltungen aus verschiedenen Blau- und Violetttönen, Gelb- und Orangeschattierungen sowie weißen bis rosafarbenen Blüten.

Dreiklänge

Drei kontrastierende Farbtöne sorgen für impulsive Bilder; sehr markant sind Rot, Gelb und Blau; davon ausgehend einfach die jeweilige Nachbarfarbe (Violett anstatt Blau, Pink anstatt Rot etc.) wählen und munter draufloskombinieren.

Ton in Ton

Sehr stilvoll! Kombinationen von Blüten in gleicher bis ähnlicher Grundfarbe in ihren jeweiligen Abstufungen (Nuancen); probieren Sie Kombinationen von Zartblau über Azurblau bis Dunkelblau oder von Weiß über Rosa, Rot bis Violett-Purpur.

TIPP

Schritt für Schritt zum Blumen-Garten-Glück

- Saatgut besorgen (alternativ Jungpflanzen, Zwiebeln)
- Beete und Gefäße vorbereiten (reinigen und Substrat anpassen)
- Saatgut einbringen (alternativ Jungpflanzen einpflanzen, Zwiebeln stecken)
- gut angießen und etwas Startdünger beigeben
- Wasserversorgung über den gesamten Lebenszeitraum sichern
- Verblühtes entfernen, nur bei Bedarf (schwacher Wuchs, Blattflecken etc.) nachdüngen
- das blumige Geschehen von einem lauschigen Plätzchen aus beobachten – und genießen

Was will man mehr? Das Zusammenspiel der markanten Blütenköpfe im warmen Sonnenlicht ist pure Faszination.

Mixed (knallbunt)

Für diesen knallbunten Crossover kommt einfach alles ins Beet, was am jeweiligen Standort wächst und gedeiht … die Laune der Natur entscheidet, was im Laufe des Gartenjahres zum Star des Arrangements wird; gelingt am besten per locker verstreuter Direktsaat (siehe S. 90/91); sinnvollerweise kommen hochwachsende Arten eher ins Zentrum oder vor Kulissen (Hecken, Mauer, Fassaden).

Für Faule

Nehmen Sie knallbunte Fertigmischungen. Clevere mischen verschiedene Sorten mit unterschiedlichen Blütenfarben oder -formen einer Art nach dem Credo: »Pflanze lieber ungewöhnlich.«

Nicht vergessen: Grün

Grün ist neben dem sich in nahezu jede Farbkombination stilvoll einfügenden Weiß die Farbe, die immer mitwirkt und als Vermittler sowie Kulisse eine wichtige Rolle spielt. Je nach Farbton und in Abhängigkeit von Form und Struktur der Blätter der Pflanzen wirkt es beruhigend-zurückgenommen bis impulsiv-extrovertiert. Da alle Pflanzen mehr oder weniger grünbetont sind, sollte die Farbe Grün in jede Gestaltung einfließen. Die Blüten sind, auch wenn es sich um wahre Dauerblüher handelt, nur abschnittsweise präsent. Grün: immer. Schauen Sie also nicht nur auf die Blütenfarbe, sondern auch auf das Pflanzengrün, um am Ende nicht eine ganz andere Wirkung als die gewollte zu erhalten.

»Reizüberflutung«

Nicht ein, zwei oder drei Farben – im »Garten Kunterbunt« kommt alles ins Beet, was Standort und Substrat ermöglichen sowie Lust und Laune sich wünschen. Richtig austoben ist angesagt.

Das kann, wenn Sie es clever anstellen, wahrlich inspirierend und lebensfroh aussehen, und bestenfalls so, als ob es in seiner Kombination – rein zufällig – der Laune der Natur entsprungen wäre. Bunte Vielfalt ist naturgegeben.

Da sich die allermeisten Arten selbst aussäen, kommen dank Wind und fleißiger Helfer wie Ameisen oder Vögeln Arrangements zustande, die bestenfalls ähnlich der vorjährigen aussehen, aber doch in ihrer Zusammensetzung und Wirkung immer wieder neu zusammengewürfelt sind. Diese natürliche Dynamik ist es, was das Gärtnern mit Sommerblumen so reizvoll macht.

Viele Wege führen zum Ziel

Welchen Sie dafür wählen: Ihre Entscheidung! Genau wie die finale Arten- und Sortenzusammenstellung, generell die Definition von bunt bis knallbunt, natürlich. Es ist so ähnlich wie beim Kochen. Stimmen die Zutaten, kann nicht mehr allzu viel schiefgehen. Vom jeweiligen Wetterverlauf mal abgesehen.

Erlaubt ist alles und alles ist möglich. Mut wird (blütenreich) belohnt!

Weil es gerade der Faktor Zufall ist, der die spätere Wirkung bestimmt, kommt in diesem Fall fast nur die luftig-lockere und überaus einfach zu vollziehende Direktsaat (siehe S. 90/91) infrage. Alle anderen Techniken, um aus freien Flächen, knallbunte Beete zu gestalten, sind hier fehl am Platz, würden durch ihr kalkuliertes Vorgehen einem charmanten und möglichst natürlich wirkenden knallbunten Durcheinander schlichtweg zuwiderlaufen.

Während es für die meisten Gestaltungskonzepte ein paar disziplinierende Grundregeln gibt, dürfen Sie für knallbunte Arrangements einfach frei von allen Konventionen loslegen. Nicht ohne ein paar echte Farbkracher auf der Liste zu haben. Möglichst intensive und kontrastreiche Blüten, dazu eine markante Gesamtwirkung und gern ein wenig Spektakel: Pflanzen bzw. Sorten, die diese Attribute aufbieten, sind hier erste Wahl. Wie diese Auswahl …

15-mal bunt, bunter, knallbunt

- Roter Garten-Fuchsschwanz *(Amaranthus caudatus)*
- Ringelblume *(Calendula officinalis)*
- Sommeraster *(Callistephus chinensis)*
- Bunte Wucherblume *(Chrysanthemum carinatum)*
- Steppenkerze *(Eremurus)*
- Schlafmützchen, Kalifornischer Goldmohn *(Eschscholzia californica)*
- Mittagsgold (*Gazania*-Cultivars)
- Gladiole (*Gladiolus* 'Mon Amour')
- Buschmalve *(Lavatera olbia)*
- Marokkanischer Lein *(Linaria maroccana)*
- Wunderblume *(Mirabilis jalapa)*
- Sommer-Phlox *(Phlox drummondii)*
- Samt-Skabiose (*Scabiosa atropurpurea* 'Fire King')
- Studentenblume *(Tagetes)*
- Zinnie *(Zinnia elegans)*

Genauso wichtig wie der Blick auf die vordersten Plätze im Beet ist die Besetzung der zweiten und dritten Reihe (Etage), damit das knallbunte Blütenvergnügen nicht zur einseitigen oder eindimensionalen Starparade gerät, der schon nach wenigen Wochen Luft und Spannung ausgehen. So sollten Sie nicht nur an die unangefochtenen Stars, sondern auch immer an deren dienliche Teamplayer denken. Denn ohne sie wäre die Gesamtwirkung nur halb so schön (»knallig«); Volumen und Struktur würden dem Beet schlichtweg fehlen.

Nicht minder wichtig: die passende Grundierung

- Kap-Ochsenzunge *(Anchusa capensis)*
- Goldtaler *(Asteriscus maritimus)*
- Gänseblümchen *(Bellis perennis)*
- Zweizahn *(Bidens ferulifolia)*
- Spanisches Gänseblümchen *(Erigeron karvinskianus)*
- Schleifenblume *(Iberis sempervirens)*
- Fleißiges Lieschen *(Impatiens walleriana)*
- Männertreu *(Lobelia erinus)*
- Lippenmäulchen *(Mazus reptans)*
- Elfenspiegel *(Nemesia)*
- Portulakröschen *(Portulaca grandiflora)*
- Schneeflockenblume *(Sutera diffusus)*
- Studentenblume *(Tagetes tenuifolia)*
- Eisenkraut (*Verbena*-Cultivars)

Essenziell für dieses Beet: Sonne. Kalifornischer Goldmohn und Marokkanischer Lein sind wahre Sonnenanbeter.

Farbstarke Kombinationen

Maximale Kontraste und Tiefenschärfe – bitte schön! Dreiklänge sind der Schlüssel, um es im Beet (Topf und Kübel) so richtig knallen und krachen zu lassen, ohne dabei einen definierten Rahmen zu verlassen. Diszipliniertes Austoben.

Die richtige Komposition

Die Möglichkeiten für möglichst ausdrucksstarke Farbspektakel sind dabei so vielfältig wie die Arten- und Sortenvielfalt der Sommerblumen. Vielleicht fangen Sie einfach mal mit einer Art, am besten mit Ihrer Lieblingsblume, in verschiedenen Sorten an.

Schwere Aufgabe? Ganz und gar nicht, wenn Sie sich aus dem Portfolio des zwölfteiligen Farbkreises von Johannes Itten (1888–1967) einfach genau die drei Hauptfarben herauspicken, die sich jeweils genau gegenüberstehen (Komplementärfarben) – automatisch haben Sie den größtmöglichen Kontrast und Gegensatz und die Steilvorlage für die Arten- und Sortenwahl.

Sehr spannungsreiche Duo-Paarungen ergeben Gelb und Violett, Rot und Grün sowie Orange und Blau. Zwischen diesen ultrastarken Kontrasten gilt es, Zusammenstellungen zu finden, die sich tendenziell etwas mehr anziehen und

Starke Protagonisten, starkes Bild! Salbei bildet mit Mähnen-Gerste eine attraktive Paarung mit natürlichem Charme.

ergänzen, als sich auszuschließen und befremdlich gegenüber stehen. Denn, damit Pflanzbilder wirken, ist es wichtig, sich immer etwas außerhalb der mathematischen und statistischen Norm und Logik zu bewegen. Für die Zusammenstellung von farbstarken Dreiklängen kommen daher vor allem die Paarungen infrage, die sich trotz markanter Kontraste in Ausdruck und Wirkung nahestehen. Im *knallbunten Beet* müssen sie schließlich auch miteinander klarkommen …

Als Anhaltspunkt für Ihren persönlichen Lieblingsdreiklang orientieren Sie sich – neben Ihrem Geschmack und Stil – an der Grundfarbigkeit Ihres Gartens oder prägender Elemente auf Balkon und Terrasse, damit sich am Ende immer ein schlüssiges Gesamtbild ergibt.

Drei Farben Bunt – wirkungsvolle Kombinationen

Rosa – Weiß – Violett

Sehr royal und fürstlich wirkt dieser Dreiklang. Vornehmes Weiß mit edlem Violett und duftigem Rosa passt immer genau da, wo sich ländlicher Charme mit Grazie und Opulenz paart und eine romantische Grundstimmung erzeugt werden soll.

Spannend sind Höhenstaffelungen zugunsten einer Hauptfarbe, also z. B. ein dominantes, über einem weißen oder cremefarbenen Blütenteppich mit markanten violettfarbenen Akzenten aufragendes Rosa. Die vertikale Abfolge kann aber auch eine ganz andere sein. Eine nach Ihren Wünschen.

Das Duo aus Fingerhut und Stockrosen setzt – nicht nur im Landgarten – ein imposantes Ausrufezeichen.

Diese Arten machen's möglich:

- Leberbalsam *(Ageratum houstonianum)*
- Zierlauch (*Allium*-Arten)
- Gänseblümchen, Tausendschön *(Bellis perennis)*
- Sommeraster *(Callistephus chinensis)*, jeweils je nach Sorte
- Spinnenblume *(Cleome hassleriana)*
- Schmuckkörbchen *(Cosmos bipinnatus)*
- Malve *(Malva)*
- Pelargonien, »Geranien« (*Pelargonium zonale*-Hybriden)
- Sommer-Phlox *(Phlox drummondii)*

Die Große Knorpelmöhre ist mit ihren samtigen Dolden ein Garant für Natürlichkeit – in nahezu jeder Paarung.

Rot – Weiß – Blau

Hier treffen sich zwei starke Pole (feurig-flammendes Rot und kühl-maritimes Blau), die vom kontrastreichen Weiß gleichsam getrennt und vereint werden. Dieser feurig-maritime Mix verspricht farblich hochattraktive Beete.

Wenn Sie die Spannung noch ein wenig steigern möchten, dann platzieren Sie noch ein, zwei strukturstarke Gräser (siehe S. 78/79), die vom Habitus taff genug sind, um sich wirkungsvoll zwischen das kontrastreiche Farbspiel zu drängen.

Diese Arten und Sorten machen's möglich:

- Großes Löwenmäulchen *(Antirrhinum majus)*
- Dahlie (*Dahlia*-Hybriden)
- Männertreu *(Lobelia erinus)*
- Elfenspiegel *(Nemesia)* 'Cherry on Ice'
- Kapkörbchen *(Osteospermum)* je nach Sorte
- Pelargonien, »Geranien« (*Pelargonium zonale*-Hybriden)
- Mehliger Salbei *(Salvia farinacea)*
- Zinnie *(Zinnia elegans)*

Rot – Gelb – Blau

Fast so kontraststark wie eine Ampel; die Signalwirkung dieser Kombination ist beachtlich! Wenn Sie es richtig expressiv und leuchtend haben wollen, liegen Sie mit einem Mix aus diesen drei Grundfarben absolut richtig.

Je nachdem, ob Sie einer Farbe den Vorrang lassen und diese jeweils farbstark flankieren oder alle drei in etwa dem gleichen Verhältnis ins Beet bringen, ändert sich der Charakter.

Wenn man sie lässt, sorgt die Natur selbst für spannende Farbmixturen.

Diese Arten machen's möglich:

- Knollen-Begonie *(Begonia × tuberhybrida)*
- Kornblume *(Centaurea cyanus)*
- Dahlie (*Dahlia*-Hybriden)
- Rittersporn *(Delphinium)*
- Schlafmützchen, Kalifornischer Goldmohn *(Eschscholzia californica)*
- Fackellilie *(Kniphofia)*
- Klatschmohn *(Papaver rhoeas)*
- Rauer Sonnenhut *(Rudbeckia hirta)*

Sonnenhut, Studenblume und Co. erschaffen ein wahres Knallerbeet in leuchtendem Orange-Gelb-Apricot.

Orange – Gelb – Apricot

Das ist Lebensfreude pur! Auch bei bedecktem Himmel sorgt dieser stets fröhlich wirkende Dreiklang für sommerlich gut gelaunte Stimmung; nicht nur beim Betrachter, sondern auch bei allerhand bestäubungswilligen Insekten. Die freche Farbkombination eignet sich überdies auch hervorragend, um tristes Betongrau zu kontrastieren, setzt aber auch in klassisch-ländlichen Arrangements optische Ausrufezeichen.

Diese Arten machen's möglich:

- Ringelblume *(Calendula officinalis)*
- Goldlack *(Cheiranthus cheiri)*
- Buntnessel *(Coleus)*
- Mädchenauge *(Coreopsis tinctoria)*
- Schmuckkörbchen *(Cosmos bipinnatus)*, jeweils je nach Sorte
- Gazanie, Mittagsgold *(Gazania)*
- Sonnenblume *(Helianthus annuus)*
- Sonnenbraut *(Helenium)*
- Gelber Lein *(Linum flavum)*
- Nachtkerze *(Oenothera)*
- Sommer-Phlox (*Phlox drummondii* 'Pink White')
- Portulakröschen *(Portulaca grandiflora)*
- Sonnenhut *(Rudbeckia hirta)*
- Feuersalbei *(Salvia splendens)*
- Husarenknöpfchen (*Sanvitalia* 'Million Suns')
- Studentenblume *(Tagetes)*
- Kapuzinerkresse *(Tropaeolum)*
- Stiefmütterchen *(Viola × wittrockiana* 'Cats Orange')
- Zinnie *(Zinnia elegans)*

PRÄCHTIGE PARTNERPFLANZEN MIT AUSDAUER

Auch wenn dieses Buch ganz explizit die vielfältigen Varianten aufzeigt, wie Sie völlig unkompliziert mit ein- und zweijährigen sowie kurzlebigen Pflanzen so viel Effekt wie möglich erzielen können, so gilt es doch, den Blick auf ausdauernde Schönheiten nicht ganz aus den Augen zu verlieren. Schließlich sorgen diese für ein wiederkehrendes Grundgerüst, an dem es sich dann locker-leicht herumgestalten lässt. Sie wissen in etwa, was Sie erwartet, auf welche Aspekte Sie sich Jahr für Jahr freuen und können so die Arten für Ihr knallbuntes Beet entsprechend leichter auswählen. Im Gesamtklang ergeben sich Bilder mit kurzzeitigen Knalleffekten bei garantierter Langzeitwirkung. Hier einige dankbare Vertreter der Kategorie »Prachtstauden«, die Sie kennen sollten:

- **Ehrenpreis *(Veronica):*** Hervorragend für natürliche Pflanzbilder in vollsonniger Lage geeignet. Markante Blütenkerzen von Weiß über Blau bis Violett sorgen für intensive Kontraste in den frühen Sommermonaten. Normale, gut feuchte und relativ nährstoffreiche Gartenerde ist optimal.
- **Fackellilie *(Kniphofia):*** Exotische Schönheiten mit faszinierenden Blütenkerzen für vollsonnige Lage und lockere, nährstoffreiche Substrate. Gute Art für Topf & Kübel.
- **Indianernessel *(Monarda):*** Die zu Recht bekannt-beliebte Beet- und Präriestaude (80 bis 140 cm) mag es nährstoffreich, humos, nicht zu trocken und sonnig. Die fedrigen Blüten (Rottöne, Juni bis August) sind ein unwiderstehlicher Eyecatcher.
- **Montbretie (*Crocosmia masoniorum* 'Lucifer'):** Beeindruckend schöne Garten-Montbretie mit sehr dekorativen Blüten in kraftvollem Scharlachrot (Juli/August); 80 bis 120 cm Wuchshöhe; sonniger bis lichtschattiger Standort, frische, nährstoffreiche Substrate; Winterschutz notwendig.
- **Stauden-Phlox *(Phlox paniculata):*** »Ein Garten ohne Phlox ist ein Irrtum.« Das forsch-freche Zitat von Staudenzüchter Karl Foerster hat auch heutzutage seine verdiente Berechtigung, denn nur wenige Arten können es mit der Blühfähigkeit, der Präsenz im Beet und mit der großen Variabilität des Phloxes aufnehmen. Für Ihre knallbunten *Beete* bieten sich einige Phlox-Exemplare als verlässliches Gerüst und blütenstarke, zuweilen duftige Kulisse an. Wählen Sie aus der riesigen Sortenvielfalt einfach die Ihnen am meisten zusagenden aus und achten Sie vornehmlich auf gute Standortbedingungen, denn da sind Stauden-Phloxe etwas pingelig. Ideal sind absonnige bis lichtschattige Standorte mit lockeren, nährstoffreichen, gut feuchten Substraten.
- **Taglilien *(Hemerocallis):*** spektakuläre Blüten (Juni bis September), und das ohne viel Pflege. Ausnahme: regelmäßige Dünger- und Wassergaben. Sie benötigen nährstoffreiche und gut feuchte Substrate im lichten Schatten bis in voller Sonne.

Ton in Ton – Harmonie pur

Gestalten Sie in einem homogenen Farbklima, dann erschaffen Sie – auch mit wenigen Arten – charmante und überaus elegante Pflanzbilder, die harmonisch ineinandergreifen und sich wie von selbst zusammenfügen. Ton-in-Ton-Gestaltungen haftet gleichsam etwas Sinnlich-Romantisches und auch Ausdrucksstarkes an. Klingt spannend – und sieht umwerfend gut aus.

Fürs Erste kommen Sie der »inneren Mitte« im Beet mit einem abgestimmten Arten-Sorten-Mix in Ihrer Lieblingsfarbe am nächsten, die nächste Harmonieebene (größere Bandbreite an Arten und Sorten) ergibt sich dann meist von selbst. Das Spektrum ist groß, und so fällt die Wahl nicht immer leicht: tief einatmen, locker ausatmen und dann hochmotiviert ab ins Beet.

Feuersalbei und Japanisches Blutgras sorgen hier für ein wahrhaft feuriges Beet.

Wege zur »inneren Mitte« im Beet

Auch hier hilft Ihnen der Farbkreis von Johannes Itten (siehe »Farbstarke Dreiklänge«). Nur gilt es nun, das Farbklima zu finden, das zum feingeistigen Anspruch von Harmonie und Beseeltheit im Beet passt. Sanfte Übergänge, Nuancen und Zwischentöne sind gefragt. Nicht Blau und Gelb werden zum Partner von Rot. Rosa und Orange rücken stattdessen in den Kreis der Auserwählten, um nur eine mögliche Paarung zu nennen.

Die Wirkung von hauchfeinen Unterschieden in den Blütenfarben und Sorten, die Nuancen der jeweiligen Nachbarfarbe im Farbkreis z. T. sogar in sich tragen (zweifarbige Sorten, feine Blatt- und Blütenzeichnungen) ist inspirierend und lohnt in jedem Fall den Mehraufwand bei der Arten- und Sortenwahl.

Besonders reizvoll sind Gestaltungen, die ihren Schwerpunkt auf eine Hauptfarbigkeit legen, dieser sollte man dann höchstens Weiß- oder Grüntöne untermischen. Weiß und Grün sind für Ton-in-Ton-Gestaltungen von besonderer Bedeutung, denn nur sie allein vermögen es, für Kontrast und Tiefenschärfe zu sorgen, ohne das harmonische Miteinander aus der Ruhe zu bringen.

Eine wichtige Rolle – die des Vermittlers – übernehmen Gräser, die, je zarter ihre Halme und Blütenstände sind, für eine sanftmütige Atmosphäre im Beet sorgen. Im Zusammenspiel mit einem leichten Windhauch entsteht dann oft eine magische Stimmung.

Harmonische Blütensymphonien in ein bis drei Akten

Rot – Orange – Gelb

Die drei warmtönigen Farben passen einfach zusammen, versprühen eine positive Grundstimmung und wirken wie ein Gruß der Sonne. Ob gestaffelt oder in einem ausgewogen durchmischten Blütenmeer: der fröhliche Grundcharakter ist dieser Kombination im Blumenbeet immer eigen.

Rot, Orange und Gelb in einem? Die Rudbeckie kann's!

Gewachsen, nicht gemalt. Bildschöne Komposition mit Strahlkraft.

Diese Arten und Sorten machen's möglich:

- Löwenmäulchen (*Antirrhinum majus* 'Orange Wonder' und 'Twinny Peach')
- Schlafmützchen, Kalifornischer Goldmohn (*Eschscholzia californica*)
- Wunderblume (*Mirabilis jalapa*), jeweils je nach Sorte
- Elfenblume (*Nemesia strumosa*), verschiedene Sorten in Orange und Rot
- Kapkörbchen (*Osteospermum*)
- Klatschmohn (*Papaver rhoeas*)

Blau – Violett

Diese zwei Farben ergänzen sich gegenseitig zu einer edlen und vornehmen Kombination. Am eindrücklichsten wirken großflächige Pflanzungen jeweils einer Farbe, die von punktuellen Akzenten der anderen durchdrungen und überragt werden.

Interessant sind auch Mixturen aus winzig kleinen und riesig großen Blüten.

Diese Arten und Sorten machen's möglich:

- Sommeraster (*Callistephus chinensis*)
- Marien-Glockenblume (*Campanula medium*)
- Spinnenblume (*Cleome hassleriana*) 'Violettkönigin'
- Duftwicke (*Lathyrus odoratus*)
- Männertreu (*Lobelia erinus*), je nach Sorte
- Jungfer im Grünen (*Nigella damascena*) 'Miss Jekyll'
- Bienenfreund (*Phacelia tanacetifolia*)
- Salbei (*Salvia*)

Eine aparte Paarung aus Spinnenblume und weißem Schopfsalbei.

Rosa – Weiß – Creme

Eine sehr vornehme Paarung mit Weiß als Stellschraube. Entweder, um den Kontrast zu erhöhen – einen selbstbewussten Keil zwischen Rosa und Cremefarben zu schieben –, oder, um die beiden Hauptakteure in ihrem Wirken durch punktuelle Akzente zu unterstützen.

Oder gleich die ganz einfache Variante: Sommer-Phlox *(Phlox drummondii)* in verschiedenen Sorten.

Diese Arten und Sorten machen's möglich:

- Löwenmäulchen *(Antirrhinum majus)*
- Elfensporn *(Diascia)*
- Fuchsie *(Fuchsia),* jeweils je nach Sorte
- Fleißiges Lieschen *(Impatiens walleriana)*
- Malve *(Malva)*
- Wollhaargras, Rubingras *(Melinis repens)*
- Jungfer im Grünen *(Nigella damascena)*
- Petunie *(Petunia)* 'Duo Red'

Pink – Rosa – Violett

Fast schon übertrieben romantisch, aber gerade aus diesem Grund: traumhaft! Je nach Grün- und Weißanteil, kann der Romantikfaktor noch erhöht werden, indem Sie möglichst flauschig-duftige, vor allem flächendeckende Blütenmeere einer Grundfarbe mit den jeweils anderen Farben akzentuieren und in natürlicher Zufälligkeit in die Höhe heben. Sehr schön: zweifarbige, locker in kleinen Grüppchen übers Beet verstreute Blütenteams inmitten einer flauschigen Flächenpflanzung.

Diese Arten und Sorten machen's möglich:

- Schmuckkörbchen *(Cosmos bipinnatus)* 'Pink Popsocks'
- Elfensporn *(Diascia)* 'Pastel'
- Vanilleblume *(Heliotropium arborescens)*
- Witwenblume *(Knautia)*
- Elfenspiegel *(Nemesia)*, je nach Sorte
- Ziertabak *(Nicotiana sylvestris)*, je nach Sorte
- Salbei *(Salvia)*
- Patagonisches Eisenkraut *(Verbena bonariensis)*

Weiß – Creme – Gelb

Gelb ins Beet einzufügen ist nicht leicht. Dessen Leuchtkraft in ein stimmiges und homogen wirkendes Gesamtbild zu integrieren, kann zur nervenstrapazierenden Aufgabe werden. Kann. Denn es gibt immer noch die Variante einer einfarbigen Pflanzung. Und: diese Kombination! Weiß und Cremefarben wirken wie ein natürlicher Filter, nehmen dem Gelb seine Signalwirkung, ohne die fröhliche Atmosphäre auch nur im Geringsten zu stören.

Luftiges Beet mit Schmuckkörbchen als prominente Leitblume.

Eine Kombination, die ländlichen Liebreiz auf moderne Art und Weise interpretiert und sowohl im ländlichen als auch im urbanen Kontext »funktioniert«.

Diese Arten und Sorten machen's möglich:

- Stockrose *(Alcea rosea)*
- Gold-Lauch *(Allium moly)*
- Ringelblume *(Calendula)* 'Snow Princess'
- Elfensporn *(Diascia),* je nach Sorte
- Schlafmützchen, Kalifornischer Goldmohn *(Eschscholzia californica)*
- Currykraut *(Helichrysum italicum)*
- Elfenspiegel *(Nemesia)*
- Studentenblume *(Tagetes)* 'Vanilla'

Weiß in Weiß

»White is beautiful. Of course, very beautiful!« Reinweiße Arrangements wirken, keine Frage. Auch wenn Weiß keine Farbe im klassischen Sinne ist, so versprühen reinweiße Pflanzbilder einfach einen ganz besonderen Charme. Ob als flächiges Blütenmeer oder in locker-luftiger Höhenstaffelung und durchsetzt von zarten Gräsern: Gerade im Zusammenspiel mit Rasengrün und Himmelblau entsteht eine zauberhafte Wirkung. Natürlich harmonisch.

Diese Arten und Sorten machen's möglich:

- Zierlauch *(Allium),* weiße Sorten
- Große Knorpelmöhre *(Ammi majus)*
- Zauberglöckchen (*Calibrachoa* 'Million Bells')
- Schneeflockenblume (*Chaenostoma cordatum* 'Big White')
- Spinnenblume (*Cleome* 'Senorita Blanca')
- Schmuckkörbchen *(Cosmos)* 'Sonata White'
- Elfensporn (*Diascia* Breezee© Plus 'White')
- Zauberschnee (*Euphorbia* 'White Frost')
- Fleißiges Lieschen *(Impatiens walleriana),* je nach Sorte
- Bechermalve *(Lavatera trimestris)* 'Mont Blanc' und 'White Angel'
- Duftsteinrich *(Lobularia maritima)*
- Kapkörbchen *(Osteospermum),* weiße Sorten
- Hänge-Pelargonie (*Pelargonium peltatum* 'White Glacier')
- Schwarze Königskerze (*Verbascum nigrum* 'Alba')
- Eisenkraut *(Verbena),* weiße Sorten

Edel und natürlich. Im Vordergrund: Kugelamarant.

Knallertöpfe & -kübel

Bevor Sie loslegen, schauen Sie doch mal, welche Töpfe, Kübel und sonstige leicht bepflanzbare Gefäße Sie bereits besitzen und entsprechend startklar zum Bepflanzen bzw. zur Einsaat haben. Falls noch Bedarf besteht, gleich beim Pflanzen- und Saatgutkauf mit besorgen, um Wege effektiv zu bestreiten. Prinzipiell können Sie alles bepflanzen, was sich (auch im bepflanzten Zustand) leicht transportieren lässt, raschen unterseitigen Wasserabzug gewährt (Staunässe gilt es immer zu vermeiden) und genügend groß ist. Noch wichtiger als im Beet: Pflanzen mit gleichen Standort- und Nährstoffansprüchen wählen, denn das Terrain ist im Topf und Kübel klar abgesteckt.

Das Handling der Pflanzen vor, während und nach der Pflanzung ist denkbar einfach. Und alles, was für die Sommerblumen in knallbunten Beeten im Allgemeinen gilt, gilt für die jeweiligen Akteure in »Knallertöpfen und -kübeln« im Besonderen, um diese maximal ausdrucksstark zu gestalten. Wie so oft macht die Mixtur die Wirkung, und neben den ultimativen Balkonklassikern (Kapkörbchen, Pelargonien, Petunien, Elfenspiegel, Ringelblume etc.), die solitär (weniger Exemplare, dafür gruppiert, wirkt mehr!) oder in Kombination unter- und übereinander immer »funktionieren«, lohnt jeder Versuch mit »den anderen Arten« (z. B. Wunderblume, Zierlauch, Spinnenblume, Ziertabak)

Die oder die oder … Fragen kostet nichts und kann Ihnen ganz neue Perspektiven bzw. Pflanzoptionen aufzeigen.

Elfenspiegel, Sonnenhut und Schwarzäugige Susanne formen hier eine gelb-grün-weiße Balkonoase mit Charme.

sowie ganz besonders mit einjährigen Ziergräsern. Äußerst wirkungsvoll: Kletterpflanzen als Solitärpflanzung. Um auch im Topf möglichst das ganze Gartenjahr mit schönen Aspekten zu füllen, sollten Sie immer einen Anteil an Blattschmuck- und Strukturpflanzen (z.B. Buntnessel, Italienische Strohblume) beimischen.

Wahre Sonnenanbeter notwendig

Wenn es im Hochsommer im Garten wahrlich heiß hergeht, ist das trotzdem kein Vergleich zu südexponierten Balkonen, von Dachterrassen ganz zu schweigen. Nur wahre Sonnenanbeter wachsen – und blühen in diesen Extremlagen. Diese beispielsweise: Portulakröschen, Kapkörbchen, Mittagsblume, Mittagsgold, Garten-Strohblume, Zweizahn, Kapaster und Mehlsalbei. Trotz maximaler Hitzetoleranz kommen Sie um regelmäßiges Gießen nicht herum (am besten früh morgens). Unterschätzen Sie die Wärmeabstrahlung und die »dicke Luft« von und vor Wänden und Fassaden nicht!

Der heimliche Star dieser Topfparade: weiße Schneeflockenblume zwischen Zauberglöckchen 'Million Bells'.

Blumenampeln versus Hanging Baskets

Ohne »hängende Körbe« oder blütenreiche Ampeln wären Balkon und Terrasse nur halb so inspirierend. Die Gestaltungsmöglichkeiten von (leicht) auf- und abhängbaren Pflanzgefäßen sind einfach überzeugend, ziehen Blicke auf sich, bringen Struktur und schaffen ganzjährig Liebreiz. Doch welche Variante besitzt mehr Knalleffekt? Das Urteil müssen Sie durch Probieren selbst fällen, denn mit beiden lässt sich – in der Höhe – effektiv Effekt erzielen.

Für gewöhnlich sind Blumenampeln »normal« bepflanzte Einzeltöpfe (meist mit überhängend wachsenden Pflanzen). Hanging Baskets (trendy und stylisch) hingegen sind recht große, gut wasserdurchlässige Gitterkörbe aus Metall oder Kunststoff, die im Idealfall zu kompakten Blütenkugeln verwachsen. Die Bepflanzung kann daher auch »von unten« erfolgen, ist in jedem Fall mehrschichtig konzipiert. Spannend und in jedem Fall die modernere Variante, die obendrein deutlich mehr Bepflanzungsoptionen bietet als die herkömmliche.

PRÄCHTIGE HÄNGEPFLANZEN

Überhängend wachsende Arten ziehen per se die Blicke auf sich, ihrem Charme kann man nur schwerlich widerstehen. Blumenampeln oder hängende Körbe sind zu Recht Highlights auf Balkon und Terrasse. Denken Sie neben der Optik immer auch an die Statik, denn ohne »bombenfeste« Halterungen hält die Blütenfreude buchstäblich nicht lange. Unterschätzen Sie die Last von Gießwasser nicht! Apropos Gießen und Co.: Pflegearbeiten sollten für Sie nicht zum Wagnis werden, daher alles leicht erreichbar aufhängen. Mobiliar und Accessoires sollten sich wegen eventuell überlaufenden Gießwassers nicht unterhalb der Ampel befinden.

Klassiker wie Hänge-Begonien und Petunien, Hänge-Pelargonien, Lobelien, Schleifenblume, Elfensporn und Duftsteinrich funktionieren – und wirken – immer. Einen Versuch wert, ganz gleich ob gemischt oder jeweils für sich, sind indes Arten, die man spontan nicht unbedingt mit Blumenampeln assoziiert, die aber in ihrer Wirkung den Klassikern keinesfalls nachstehen. Prächtig sind Arrangements, in denen das reichblühende Mexikanische Berufkraut *(Erigeron karvinskianus)* sowie die aparten Schönheiten Zigarettenblümchen *(Chuphea ignea)* und Blaue Fächerblume *(Scaevola saligna)* dominieren. Spannend sind auch Experimente mit Erdbeeren und Buschtomaten sowie Kräutern wie Oregano oder Hänge-Rosmarin. Als Vermittler zwischen stolzen Blütenschönheiten eignet sich die blattstarke Lakritz-Strohblume *(Helichrysum petiolare)*.

Bepflanzung von Hanging Baskets

Vorbereitung: Den Korb gut mit Naturmaterialien (Moos, Blattwerk etc.) oder mit einem Vlies auskleiden; zusätzlich eine leichte Folie unterziehen, um möglichst viel Wasser zu halten.

Erde auffüllen und Vlies präparieren: Etwa bis zur Hälfte locker mit normaler Erde befüllen (etwas Langzeitdünger hinzufügen); für explizit rankende Pflanzen einige Schlitze in die Vliesunterseite schneiden.

Pflanzen einsetzen: Die größte Pflanze kommt übergeordnet (etwas höher) ins Zentrum, alle weiteren werden entsprechend ihrem Wuchs darum herum platziert; stark überhängende an die Ränder, buschige (untergeordnet) zwischen Hauptart und Hänger, rankende Arten mit der Wurzel voran von außen (durch die Schlitze) nach innen.

Pflanzen fixieren und Erde nachfüllen: So viel Erde nachfüllen, bis alle Wurzeln bedeckt sind, Pflanzen leicht andrücken und den Korb bis knapp unter den Rand mit Erde auffüllen.

Wässern und aufhängen: Durch leichtes Überbrausen alles gut wässern; einige Zeit lang abtropfen lassen, erst danach aufhängen! Feucht halten, nicht austrocknen lassen.

Arrangieren & kombinieren à la carte

Wie hätten Sie's denn gern? Ländlich rustikal, minimalistisch modern oder beides ganz selbstbewusst miteinander kombiniert? Vielleicht auch ein kunterbuntes Potpourri aller möglichen Sommerblumenarten? Erlaubt ist, was gefällt, und Sie entscheiden über Arrangement und Mixtur.

Mitzureden haben primär und ganz entscheidend nur das Wetter und die spezifischen Standortbedingungen Ihres Gartens. Um sich nicht in den unbegrenzten Gestaltungsmöglichkeiten zu verlieren, hilft es, wenn Sie Ihre bevorzugte Stilrichtung im Kontext Ihrer örtlichen Gegebenheiten möglichst realistisch (Budget, Alltagstauglichkeit) abstecken und dann ruhig und planvoll an die Anlage des bevorzugten knallbunten Beetes herangehen. Das heißt nicht, dass Sie sprichwörtlich nicht auch einmal in fremden Stilrichtungen wildern dürften. Neue Perspektiven schaden bekanntlich nie.

Gucken ist immer erlaubt …

… und ist außerordentlich wichtig, um im Garten die richtigen Entscheidungen zu treffen. Gute Inspirationsmöglichkeiten gibt es viele, und es wären vertane Chancen, wenn Sie sich nicht wenigstens auf ein, zwei fremde Ideen und Konzepte einlassen würden. Es geht nicht ums Abgucken und um Eins-zu-eins-Nachmachen. Es geht darum, aus der Vielfalt das persönliche Optimum zu wählen, um es dann in Stil und Maßstab auf den eigenen Garten zu übertragen. Schon ein spontaner Spaziergang kann den entscheidenden Input liefern … hier ein apart gestalteter Vorgarten, da eine inspirierend natürliche Blumenwiese oder diese Terrasse mit den drei großen in Reihe stehenden üppig blühenden Pflanzkübeln … lassen Sie sich auf neue Situationen ein, dann nehmen Sie sprichwörtlich bei jedem Spaziergang eine neue Idee mit in den eigenen Garten. Zu schauen, wie andere die verschiedenen Gartensituationen lösen, welche Arten in welcher Kombination verwendet werden, welche Farben zusammenpassen (und welche definitiv nicht), liefert Ihnen einen Pool an Eindrücken und Lösungsansätzen, den weder dieses Buch noch eine ganze Bücherei bieten kann.

Inspiration Gartenmessen

Sehr zu empfehlen sind Besuche von Gartenfachmessen, weil Sie da ganz nah dran sind: an Trends, Innovationen und progressiven Gestaltungen, die erst Monate später in »echten« Gärten auftauchen. Überdies lohnen sich regelmäßige »Ausflüge« auf angesagte Garten-Blogs im Internet, die Trends & Co. regelrecht aufsammeln und »mundgerecht« aufbereiten. Die klassischste Variante: das eigene Erleben von Natur und Landschaft, idealerweise im Wechselspiel der Jahreszeiten. Draußen in der Natur ist es immer interessant. Wenn Sie obendrein mit offenem, interessiertem Blick Ihre Stadt erkunden, werden Sie rasch feststellen, dass sich in puncto öffentlichem Grün sehr viel zugunsten von einjährigen und kurzlebigen Arten getan hat. Es wird viel probiert und experi-

Dieser selbstbewusste Mix von einjährigen mit mehrjährigen Arten bietet eine effektvolle Farben- und Formenfülle.

mentiert, um das Idealmaß zwischen Ökonomie und Ökologie zu finden. Saisonale, leicht zu pflegende und überaus natürlich-wilde »Blumenwiesen« sind in hiesigen Großstädten mit Fug und Recht fast schon »trendy«.

Ganz gleich, woher Sie Inspiration und Motivation ziehen: der Ideentisch ist reich gedeckt. Bedienen ausdrücklich erlaubt! Die Zusammenstellung des Menüs obliegt Ihnen. Herausfinden, was davon Ihren Nerv trifft, können Sie nur im Selbstversuch. Checken Sie den Standort (Lage, Licht, Boden, Wind und Wetter), die Proportionen (Größe und Form des Beetes, vor allem in Bezug zum gesamten Garten) und Hauptdarsteller (Arten und Sorten) auswählen, Stilistik und Konzept festlegen und Budget prüfen: alle Hausaufgaben erledigt, es kann praktisch losgehen. Pflanzrezepte gibt es reichlich und in immer neuen Nuancen.

Die Form bestimmt die Wirkung

Wenn es ein Gestaltungsmittel gibt, das es mit dem offensichtlichen Schlüssel zum Blumen-Garten-Glück – Farbe – aufnehmen kann, dann ist es die Fokussierung auf die charakteristischen Blütenformen: Korbblüten, Dolden, Rispen und so fort… Schon »Staudenpapst« Karl Foerster (1874–1970) nutzte die naturgegebene Vielfalt der Blüten-Blatt-Konstruktionen für seine herausragenden Kompositionen. Zu einer ganz eigenen Gestaltungsdisziplin erhob sie aber erst der niederländische Pflanzenmagier Piet Oudolf, dessen Pflanzbilder von derart atemberaubender Ausstrahlung und Atmosphäre sind, dass man meint, es handle sich um natur- und nicht menschengemachte Arrangements. Blickt man hinter die Gestaltungen, dann zeigt sich rasch, dass hier vor allem die überlegte Komposition spannender Formen Bild und Wirkung erzielt.

Ein Gewinn für jedes natürliche Beet: Die lockeren und sanftmütigen Dolden der Großen Knorpelmöhre.

Blütenformen und -stände

Damit die Form auch richtig zur Geltung kommt, schadet es nicht, zu wissen, welche charakteristischen Formen von Blüten bzw. Blütenständen Sie überhaupt im Pool der Gestaltungsoptionen haben. Ein Blütenstand besteht aus vielen, oft kleinen Einzelblüten und wirkt von Weitem wie eine große Blüte. Hier ein kurzer Überblick über die Hauptformen. Wie so oft in der Natur gibt es selbstverständlich auch die ein oder andere interessante Mischform …

Doldenblütler: Die Stiele der vielen kleinen Einzelblüten entspringen einem Punkt. Das Erscheinungsbild einer Dolde reicht von flach bis oft rund-kugelig, Grazie paart sich mit Natürlichkeit und sorgt an jedem Standort für strukturstarke Bilder; charakteristische Vertreter: Große Knorpelmöhre *(Ammi majus)*, Dill *(Anethum graveolens)*, Strahldolde *(Orlaya)*.

Lippenblütler: Ihre aus vielen einzelnen, kurz gestielten Blütchen zusammengesetzten Trauben oder vielgliedrigen Köpfe sind beeindruckend. Die Einzelblüten haben nur eine Symmetrieebene und bestehen aus Ober- und Unterlippe; charakteristische Vertreter: Salbei *(Salvia)*, Indianernessel *(Monarda) und* Katzenminze *(Nepeta)*.

Imposant: Die aus vielen röhren- bis glockenförmigen Blüten zusammengesetzten Blütenstände des Fingerhuts.

Rispen: Diese mehrfach verzweigten Blütenstände kommen bei sehr vielen Grasarten vor, aber es gibt auch andere Pflanzen, deren Blüten rispenartig (Schirmrispen, Doldenrispen) angeordnet sind, lockere Natürlichkeit strahlen alle aus; markante Arten: Wollhaargras *(Melinis)*, Fingerhut *(Digitalis)*, Salbei *(Salvia)* und Königskerzen *(Verbascum)*.

Korbblütler: Die aus unzähligen kleinen Strahlen- bzw. Röhrenblütchen zu kompakten Körbchen oder Köpfchen verwobenen Blütenstände sind so vertraut wie auffällig und bilden eine der artenreichsten und vielgestaltigsten Pflanzenfamilien Europas; markante Arten: Gänseblümchen *(Bellis perennis)*, Kapkörbchen *(Osteospermum)* und Sonnenhut *(Echinacea)*.

Schmetterlingsblütler: Diese Blüten haben nur eine Symmetrieebene und bilden zarte und sehr aparte »Konstruktionen«; markante Art: Duftwicke *(Lathyrus odoratus)*.

Kerzen: Straff himmelwärts strebende Blütenkerzen sind extrovertierte Eyecatcher und ein wirkungsvoller Kontrast zu Doldenblütlern; markante Arten sind Königskerze *(Verbascum)*, Fackellilie *(Kniphofia)*.

Schleier: Viele winzige Blüten wirken von Weitem wie Watte; diese zurückhaltenden Schönheiten sorgen für flauschig-weiche Pflanzbilder und bieten den perfekten Rahmen für großblütige Blütenstars; markante Art: Schleierkraut *(Gypsophila)*.

Generell ziehen sich (auch im Beet) Gegensätze an, d.h. feine, filigrane Blüten werden wunderbar ergänzt durch kontrast- und strukturstarke. Gen Himmel strebende Gräserrispen harmonieren gut mit lockereren Blütenschirmen, und Korbblütler machen zusammen mit zurückhaltend-zarten Lippenblütlern Eindruck. Je »aufgeregter« es im Beet zugeht, desto wichtiger wird eine beruhigende Kulisse. Immergrüne oder feinblättrige Laubgehölze »bewerben« sich dafür um die »Poleposition«.

Die richtige Komposition macht's!

Die größte Schwierigkeit besteht unweigerlich darin, aus der Vielfalt und Grundverschiedenheit der Formen (Blüten und Habitus) einen spannenden Zusammenklang zu komponieren.

Sommerblumen präsentieren sich in ganz verschiedener Gestalt: flachwüchsig-klein, mittelgroß oder hoch- und breitwüchsig; schlank-aufrecht, kompakt-buschig oder locker verzweigt; polsterartig, leicht überhängend oder mit langen Hängetrieben. Dazu noch vor Wuchskraft strotzende Kletterpflanzen mit langen, aufstrebenden Trieben.

Das Zusammenstellen ähnlicher Wuchstypen wirkt bei mittelgroßen, buschigen Pflanzen sehr ansprechend, etwa, wenn Knollen-Begonie und Fleißiges Lieschen in einem engen Nachbarschaftsverhältnis (nebeneinander) stehen. Die Angleichung der Wuchstypen und Blütenformen ist allerdings eher die Ausnahme, wohlgemerkt eine raffinierte, die einiges an Gefühl und Know-how in puncto Pflanzenauswahl erfordert, denn zumeist geht es primär darum, über höhengestaffelte und abwechslungsreich strukturierte Arrangements inspirierende Natürlichkeit zu gestalten.

Der klassisch-bewährte Weg sieht eine fein abgestimmte Mixtur aus Leitarten und sich gut ins Bild fügenden Begleitern vor. In diesem Sinne sind Leitarten explizit großblütige Arten und Sorten mit entsprechend »selbstbewusstem« Wuchs, denen eher zurückhaltend wachsende zur Seite gestellt werden. Ganz spannende Effekte ergeben sich, wenn sich die Leitarten aus einer weitestgehend homogenen Fläche erheben, diese quasi als Bühne nutzen und nur von einigen wenigen zarten Blütenständen (Doldenblütler!) oder Gräserrispen umspielt werden.

Generell können Sie alle Formen miteinander kombinieren. Zur Feinjustierung kommen die Farben ins Spiel.

Das wirkt! Kompakte Blütenstände, die von himmelwärts strebenden Gräsern durchwachsen werden.

Im Gegensatz zu dieser geplanten Beetchoreografie nach klassischer Gartenschule versteht sich das »Blackbox-Gardening« als Gärtnern mit der Natur – ganz explizit werden sich selbst versamende Pflanzen animiert, dies nach ihrem Lebenszyklus auch zu tun. Nach einer Initialkomposition, immer in Abhängigkeit vom Standort, von den Bodenverhältnissen und gestalterischen Rahmenbedingungen, wird die Regie an die Natur übergeben. Das Prinzip »Zufall und natürliche Dynamik« sorgen dann für das jeweilige Erscheinungsbild der Pflanzung. Damit die Schlagrichtung dennoch die richtige ist, zahlt es sich aus, von Beginn an den passenden Mix an Arten (Formen, Farben, Strukturen) auf die Flächen zu bringen sowie für die effektive Begrenzung, einen definierten Rahmen, zu sorgen (kantige Einfassungen, standhafte und markante Solitärgehölze inmitten der »Zufallspflanzung« oder sauber geschnittene Rasenflächen).

Bezogen auf Blüten- und Blattformen, gibt es nicht den einen richtigen Weg, eher Grundtendenzen, die es aber so gut wie möglich auf die Flächen zu bringen gilt, damit Kompositionen auch ein stimmiges Zusammenspiel entwickeln. So wirken großblütige und intensiv farbig blühende Arten und Sorten sehr plakativ und dominant. Stockrosen, Sonnenhut oder Sonnenblumen etwas entgegenzustellen ist schwierig und nur möglich, wenn ausreichend Platz vorhanden ist; also besser für sich stehen und wirken lassen. Klein- und reichblütige Arten und Sorten in zurückhaltenden Farben (Weiß, Cremefarben, Rosa), zudem oft vom Zusammenklang mit ihrem Blattgrün bestimmt, eignen sich hervorragend als Wegbereiter – »grüner Teppich« – für die opulenten Pflanzenschönheiten, nicht ohne auch selbst jede Menge Blütencharme zu versprühen. Generell wirken kompakte Gruppenpflanzungen oder Tuffs von drei bis fünf Exemplaren jeder Art prägnanter und kontrastreicher.

Land-Liebe-Lust-Flair

Die Lust am und aufs Land ist ungebrochen. Die Sehnsucht, das Glück (wieder) selbst in die Hand zu nehmen – und sich aus der Hand in den Mund (wieder) selbst zu versorgen –, erklärt die ungeheure Renaissance der Bauern- und Cottagegärten. Selbst anbauen, selbst ernten, selbst versorgen als Glücksformel der modernen Zeit. Sich in vertrauter Umgebung seiner selbst (wieder) bewusst werden. Aus einem Trend ist ein fester Bestandteil der Gartengestaltung, der Wahrnehmung von Garten als Ort des Glücks überhaupt geworden. Und ein Bauern- und Cottagegarten ist nur einer, wenn in ihm unzählige Sommerblumen für Charme und Liebreiz sorgen.

Üppig-wilde Natürlichkeit ist ein Wesensmerkmal von Bauern- und Cottagegärten. Ein grundsympathisches!

Welcher Stil soll es sein?

Damit sich das kunterbunte Blühen erst zu beeindruckender Wirkung entwickeln kann, bedarf es einiger wichtiger Gestaltungsprinzipien, um aus einem Garten einen charakteristischen Bauern- und Cottagegarten zu machen. Ob er nun wirklich auf dem Land liegt oder nur »nach Land« aussieht: egal. Atmosphäre und Stimmung entscheiden.

»Echte« Bauern- oder Cottagegärten (von früher) sind Gärten, die von Bauernhand mühevoll und notwendigerweise angelegt und gepflegt worden sind und oft ein Sammelsurium aus Nützlichkeiten und Schönheiten in zufälliger, aber inspirierender Mischung darstellen. Die gestalterische Absicht galt primär praktischen Gesichtspunkten, dem Leben und Überleben in schwierigen Zeiten. Diese Gärten jedoch als bloße Nutz- und Kulturgärten mit arbeitsintensiven Anbauflächen zu betrachten, stünde dem Stolz und der Sehnsucht nach dem kleinen Glück der Bauernschaft entgegen, die mit ihren Gärten stets auch sich und ihre Auffassung von Natur und Landschaft präsentierten. Überdies stärken Bauerngärten schon immer die Unabhängigkeit gegenüber Versorgungsengpässen.

Bauerngärten übernahmen und übernehmen dabei vielfältige Funktionen und sind von markanten Stilmitteln geprägt, die auf verschiedenste Weise Ausdruck fanden. Die neuzeitlichen Gestaltungen untermauern die alten Erfolgsformeln mit neuen Standards, schaffen so den Sprung vom Damals ins Heute. Es gab und gibt kein manifestiertes Gestaltungskonzept, aber zusammengefasst folgen die allermeisten Gärten doch einem gewissen Schema …

Bauern- und Cottagegarten

Das benötigen Sie unbedingt: Umzäunung, Beete, Rabatten (Tummelplatz für Sommerblumen!), ein praktisches Wegenetz, Plätze für Werkzeug, Kompost, zum Einschlagen von Pflanzen – ganz allgemein, zum Arbeiten und obendrein eventuell einen schützenden Unterstand. Bei der Materialwahl sollte natürlich-ländliche Charakteristik oberste Priorität haben. Holz, Natursteine, Weidenruten und -geflecht, Bast, Stroh, gebrannte Steine wie Ziegel, idealerweise aus Ton, sind hier stets erste Wahl.

Das alles muss natürlich arrangiert werden, richtet sich in erster Linie aber nach Ihren Bedürfnissen an Anbaufläche und/oder Zierpflanzungen. Bunte Vielfalt charakterisiert die meisten Bauerngärten und sollte auch der Maßstab für Ihre Gestaltung sein, weil die Gärten daraus auch ihre Produktivität ziehen und so auch widerstandsfähiger gegenüber Schädlingsbefall und anderen »Gartenkrankheiten« sind. Stichworte: Mischkulturen und regelmäßige Kulturwechsel. Es gilt Nützlinge (Maulwurf, Bienen, Würmer etc.) durch maximale Artenvielfalt zu fördern (Sommerblumen = Bienenweide). Nur so gelingt es, aus Boden und Pflanzen das Maximum an Ertrag hervorzubringen. Für die Einteilung der Beete können Sie ganz nach Ihren Ansprüchen an Ertrag und Vielfalt agieren. Zur Abgrenzung eignen sich niedrige Buchsbaumhecken, Dachziegel, Hölzer allgemein, Weidengeflecht. Neben der Optik spielt hier auch die Undurchdringbarkeit gegenüber Kleinsäugern und störenden Zugwinden eine wichtige Rolle. Wege und Flächen brauchen nicht allzu trittfest befestigt zu werden. Kies, heller Schotter oder ein paar lose Steinplatten genügen oftmals schon. Und wirken mit etwas Moos oder verschieden bewachsenen Zwischenräumen noch natürlicher und rustikaler. Mit Weidenelementen können Sie sich sogar »lebende« Hecken anlegen. Außerdem empfehlen sich frei wachsende Hecken, die im Falle von Beerenobst (Brombeeren, Himbeeren, Johannisbeeren, Stachelbeeren etc.) zusätzlich zur Selbstversorgung beitragen. Undurchdringbar stachelig sind sie obendrein!

Vertraute Beseeltheit strahlen Ringelblume und Schmuckkörbchen jeweils für sich und im Zusammenklang aus.

Die passende Umgrenzung macht's!

Die Einzäunung macht oft erst das Flair perfekt. Holzzäune, ganz gleich ob in Längs- oder Querlattung, sind hierfür sicher die beste Wahl. Akzentuiert von einem pflanzenberankten Tor (»Rosenbogen«) schaffen Sie zudem einen eigenständigen Hingucker, an den Sie eine ganze Riege von Sommer- und Zwiebelblumen »anlehnen« können.

Sommerblumen – Must-have!

Überall da, wo es schön und üppig sein soll, wo saisonale Reize geschaffen werden sollen, überall da sind Sommerblumen das Mittel der Wahl. Zur Akzentuierung, Einfassung und Begleitung von Wegen und Beeten oder als stolze Gartentorwächter … in Bauern- und Cottagegärten sind Sommerblumen die ultimativen Augenöffner und Blickfänger. Nicht zu vergessen: Töpfe und Kübel mit allem, was nicht beettauglich, wind- und wetterfest ist. Eine Erfolgsformel, was wirkt und was weniger funktioniert, gibt es nicht. Stimmen Standort und Bodenverhältnisse, dann ist alles erlaubt, und es darf gern bunt und betont »wild« zugehen.

Pflege – Notwendigkeit geht über Perfektion

Im Bauern- und Cottagegärten gibt es immer was zu tun – und (bestenfalls) zu ernten. Um Vielfalt und Ertrag hoch zu halten, müssen Sie selbstverständlich »in die Beete« und vor allem gegenüber (nicht gewollten, da kulturverdrän-

Die gelben Königskerzen geben der üppigen Vielfalt eine markante vertikale Struktur.

genden) Unkräutern und Schädlingen wachsam sein. Hierauf sollten Sie sich bei der praktischen Gartenarbeit konzentrieren.

Das Stecken von Zwiebeln und der Rückschnitt von Verblühtem sind obendrein selbstverständlich und zum Erhalt der Attraktivität unbedingt notwendig. Auch ein Trimmen von allzu überhängendem Wuchs oder aus der Form gewachsenen Umgrenzungen – z. B. Buchsbaum- oder Lavendelhecken als niedrige Beetbegrenzung – ist hin und wieder notwendig.

Da es aber im Bauerngarten in erster Linie wachsen muss, denn Sie möchten sich an reicher Ernte und üppigen Blüten erfreuen, ist gärtnerische Perfektion nicht nötig. Achten Sie

TIPP

Passende Accessoires

Rustikal-Schönes und praktische Dinge aus dem bäuerlichen Werkzeugkasten gehören einfach dazu. Die Spanne reicht von Milchkrügen über altes Gartenwerkzeug wie Sensen bis zu Wagenrädern oder ausrangierten Transportutensilien (Handwagen, Kutschen- und Traktoranhänger usw.). Hierzu empfiehlt sich ein Gang über Flohmärkte. Auch Haushaltsauflösungen in ländlichen Gegenden bieten oftmals wahre »Dekoschätze« feil.

Die Zauberformel für charmante Bauern- und Cottagegärten heißt: wachsen und der Natur ihren Lauf lassen.

TIPP

Gemüse im Blumenbeet

Warum »schöne« Blumen und »gesundes« Gemüse getrennt pflanzen, wenn beide in Mischkulturen vitaler gedeihen? Oft sind sogar die Kulturzeiten kürzer! Zudem gibt es jede Menge essbare – gesunde – Blüten sowie optisch attraktive Gemüsesorten. Gerade bei kleinen Gärten macht es daher Sinn, alles in ein Beet zu packen. Mangold, Kohlarten und Pflücksalate dienen als Grundstock für Gestaltungsexperimente.

eher auf eine gewisse Regelmäßigkeit bei Pflegegängen, die dadurch auch deutlich weniger zeitintensiv werden.

Einjährige Landhausgarten-Grundausstattung

- **Stockrose** ***(Alcea rosea):*** Der Klassiker überhaupt! Stockrosen, die es in unzähligen schönen Sorten im Farbspektrum von Weiß über Rosa bis Rot gibt, gehören einfach in jeden ländlich-romantischen Garten. Unkompliziert, üppig, riesig. Landliebe in XXL. Ideal für den Beethintergrund oder als Kulissenpflanzung in Kombination mit Mauern, Zäunen etc. Staunässe, Zugwind und Schatten mögen Stockrosen überhaupt nicht, ansonsten kommen sie an allen gut besonnten Standorten mit normalem, durchlässigem Gartenboden bestens zurecht.
- **Dill** ***(Anethum graveolens):*** Altehrwürdiges Gewürz- und Heilkraut (50 bis 125 cm groß) mit dem gewissen Etwas. Sehr attraktive, duftige Blütenstände (Juni bis August). Kommt ab Anfang April per Direktsaat in den Garten und benötigt regelmäßige Wassergaben. Wunderschöne Kombinationen ergeben sich mit Studentenblumen *(Tagetes)* und/oder Ringelblume.
- **Goldlack** ***(Cheiranthus cheiri):*** Ein unkomplizierter Dauerblüher in knalligen Farben (Goldgelb, Orange), dem etwas Wildromantisches anhaftet. Mit einem sonnigen Standort und lockeren, nährstoffreichen Substraten sowie gelegentlichem Nachdüngen sind sie auf der sicheren Seite. Vermehrt sich durch Selbstaussaat.
- **Rittersporn** ***(Delphinium):*** Pflicht! Unzählige Sorten (viele auch mehrjährig) und Gestaltungsmöglichkeiten. Am besten in kleinen Tuffs, um anderen Pflanzen auch eine Chance zu geben. Die beeindruckend schönen, kontraststarken Blütenkerzen (blau, weiß, violett) harmonieren perfekt mit weißen bis

TIPP

Auch die Farbe macht's!

Bringen Sie Farbe rein und streichen Sie einfach einige Holzlatten in knallig bunten Farbtönen an. Idealerweise passen die Farben zum hochsommerlichen Blütenkonzert. Oder zu Rankgerüsten, Pergola, Gartenlaube, Wohnhaus …

rosaroten Rosen, passen aber generell überall da hin, wo es betont üppig zugehen soll. Gut gießen, regelmäßig düngen und immer an sonnigen Standorten platzieren. Komposterde und/oder Pferdemist beimischen, um die Wasserhaltefähigkeit des Substrats zu verbessern.

- **Studentenblume *(Tagetes)*:** Pflegeleichter, robuster und herrlich farbenfroher Alleskönner (komplettes Gelb-Orange-Farbspektrum von Juni bis Oktober), der sich ganz nebenbei hervorragend zur Schneckenabwehr eignet. Anzucht ab Januar auf dem Fensterbrett oder ab April direkt ins Freiland. Substrat: nährstoffreich und gut feucht. Standort: volle Sonne.
- **Weitere Arten:** Malve *(Malva)*, Ringelblume *(Calendula)*, Sonnenblume *(Helianthus annuus)*, Fenchel *(Foeniculum)*, Klatschmohn *(Papaver rhoeas)*, Schnittlauch *(Allium schoenoprasum)*.

Dauergäste

- **Obst und Gemüse** (vor allem bewährte »Urformen« oder neue Züchtungen mit speziellen Resistenzen) in größtmöglicher Vielfalt (auf Standortbedingungen achten!): Kohlarten, Blatt- und Wurzelgemüse, Kartoffeln, Beerensträucher, Zwiebeln, Gurken, Hülsenfrüchte und viele mehr.
- **Stauden:** Stauden-Phlox, Indianernessel, Pfingstrosen, Margeriten, Lupinen, Storchschnabel.
- **Markanter Hausbaum:** Linde, Walnuss etc. oder prägende Solitärgehölze, vornehmlich alte (heimische) Kern- und Steinobstsorten (Apfel, Birne, Pflaume …).
- **Kein Garten ohne Rosen:** Ohne die Königin der Blumen wäre ein Bauern- oder Cottagegarten nur halb so schön, halb so wehrhaft und halb so wildromantisch. Ob nun klassische Englische Rosen oder doch eher »urwüchsige« Wildrosen oder, weil Garten ist, was Sie draus machen, moderne Züchtungen: duftige Rosen sind ihr natürlicher Rahmen. Mit den richtigen Begleitpflanzen wie Stauden, Kräutern, Halbsträuchern und natürlich Sommerblumen entsteht ein unvergleichlich uriges Flair.

Die vielfältig verwendbaren Ringelblumen machen an jedem sonnigen Standort eine gute Figur.

Grüne Wiesen waren gestern

Wer sagt, dass sich Wiesen im Garten nur als maximal knöchelhoch stehendes homogenes Grün präsentieren müssen? Natürlich niemand!

Also, warum nicht scheinbar allgemeingültige Konventionen fallen lassen – und alles entspannt wachsen lassen? Besser noch: wachsen lassen unter Regie und Aufsicht.

Mittel zum Zweck: Samentüten, Gerätschaften zur Bodenbearbeitung, Sense und Rasenmäher, etwas Sand und Kalk und ganz selten auch Gießkanne oder Gartenschlauch – sowie Geduld, denn Wiesen benötigen einige Zeit.

Wiesen an sich sind eine spannende Angelegenheit, wenn man sich traut, diese aus scharf geschnittenen Rasenflächen erwachsen zu lassen. Je nach Standort und Bodenbeschaffenheit stellt sich mit der Zeit ein ganz eigener und charakteristischer Pflanzenbestand ein, vorwiegend aus Wildkräutern und eventuell einigen Kulturflüchtlingen. Das wäre die eine Variante. Natur pur, und das, ohne auch nur einen Finger zu rühren. Denken Sie aber daran, wenn Sie die vorgesehene Fläche ganz der Natur überlassen, werden rasch buschige Gehölze und schließlich stolze Bäume das Ruder übernehmen, Stichwort Sukzession.

Je größer die Flächen, desto spannender die Komposition der Arten. Natürlicher Zufall macht's möglich.

Wiesen-Allstars unter sich! Was Sie dafür tun müssen: Flächen nicht düngen, nicht betreten und mähen.

Kornblumen, Klatschmohn … eine Wildwiesen-Schönheit zum Träumen. Oder Hineinlegen – und Träumen.

Ein starkes Team! Bildschöne Komposition aus Kornrade und Klatschmohn.

Variante zwei, und das ist die für uns weitaus interessantere, besteht darin, unter Zuhilfenahme der natürlichen Dynamik die jeweilige Fläche so mit einjährigen und kurzlebigen (und sich fleißig aussamenden) Arten »anzureichern« (per eigens zusammengestellter Saatgutmischung), dass der Zufall nur einen gewissen Flächenanteil zum Austoben bekommt – Sie die Grundrichtung (Artenzusammensetzung, Farbklima, Wuchshöhen etc.) ganz bewusst in Ihre Hände nehmen und bei Missfallen alles wieder auf Normalmaß trimmen. Apropos trimmen: Weil es eine aufwachsende, erst recht eine in hochsommerlicher Blüte befindliche Wiese gar nicht mag, wenn man ihre zuweilen sehr zarten Hauptdarsteller rabiat niedertrampelt (denn davon erholen sie sich nur höchst

selten; Selbstaussaat passé!), sollten Sie von vornherein an die »Verkehrsinfrastruktur« denken und einfacherweise während der Aufwuchsphase mit dem Rasenmäher ein paar Wege einschneiden. Lassen Sie Ihrer Kreativität (und dem Rasenmäher) freien Lauf! Bei diesem Schritt lohnt es sich auch, den Ausbreitungsdrang durch scharfe Mähkanten konsequent einzudämmen. Wiese bleibt Wiese, wenn der restliche Garten es auch bleiben darf.
Je weicher die Kanten sind, desto weicher, also natürlicher, wird das Gesamtbild. Sprich, zusätzliche Grenzmarkierungen zwischen Garten und Wiese weglassen und den Mäher eher nachlässig verwenden.

TIPP

Schöne Arten für knallbunte Wiesen

- Große Knorpelmöhre *(Ammi majus)*
- Sterndolde *(Astrantia major)*
- Kornblume *(Centaurea cyanus)*
- Wilde Möhre *(Daucus carota)*
- Wiesen-Witwenblume *(Knautia arvensis)*
- Jungfer im Grünen *(Nigella damascena)*
- Großblütige Strahldolde *(Orlaya grandiflora)*
- Klatschmohn *(Papaver rhoeas)*
- Bienenfreund *(Phacelia tanacetifolia)*
- Wiesensalbei *(Salvia pratensis)*
- Patagonisches Eisenkraut *(Verbena bonariensis)*

Anlage und Pflege

Ein guter Zeitpunkt, einen Bereich (mindestens 15 m^2, um ein funktionierendes Ökosystem zu erhalten) im Garten als knallbunte Wiese anzulegen, ist der Mai, denn dann stimmen die Bedingungen für die relevanten Wiesenarten: warm und sonnig, ab und zu etwas (Regen-) Wasser (gute Bodenfeuchte).

Oberste Priorität für die weitere Entwicklung hat der Boden, der vor allem eines sein sollte: nährstoffarm (nicht düngen!) und frei von Konkurrenz und Altlasten. Das sind die Grundbedingungen, damit sich zusätzlich zu den eingesäten Arten möglichst viele weitere Wildblumenarten freiwillig ansiedeln (können). Zu nährstoffreiche Standorte abmagern und tiefgründig lockern.

Der gewünschte Artenmix kommt locker-breitwürfig (ca. 1 bis 2 g Saatgut/m^2) unter Beimischung von leicht angefeuchtetem Sand (damit Sie nicht zu eng säen) auf die oberflächlich gut gelockerte Fläche.

Die Aussaat dann ohne Druck in den Boden einharken und für eine Zeit lang regelmäßig wässern, dann genügen natürliche Wassergaben (Regen!).

Die Mahd reduziert sich bei natürlich-bunten Wiesen auf ein bis maximal drei Mal im Jahr. Nur dann werden die Arten erhalten bzw. zutage gefördert, die aus trittfesten Rasenflächen *knallbunte Wiesen* machen. Achtung: Die erste Mahd erfolgt erst nach der Blüte! Ab dem zweiten Jahr sind gewöhnlich zwei jährliche Schnitte ausreichend.

Bienen- und Augenweiden

Wir respektive Bienen und Hummeln haben ein ernstes Problem, und wir sind am Zug, ihnen – und damit uns selbst und unseren Kulturlandschaften – zu helfen. Mit den blütenstarken Sommerblumen können Sie das auf kinderleichte und wunderschöne Art und Weise tun.

Sommerblumen an sich sind ein Insekten- und Schmetterlingsmagnet, damit ein wichtiger Beitrag für den Artenschutz. Darüber hinaus gibt es jede Menge kurzlebige Wildpflanzen, auf die Bienen und Hummeln sprichwörtlich noch mehr fliegen und die Sie kennen sollten, um den Tisch für die bienenfleißigen Nektarsammler noch reicher zu decken. Hilfe zur Selbsthilfe, die obendrein auch etwas fürs Auge bietet. In einigen Fällen sogar etwas für den Gaumen.

Besonders gefährdet: Wildbienen

In Deutschland sind die allermeisten Wildbienenarten (über 550) stark gefährdet und stehen damit auf der Roten Liste der bedrohten Arten ganz oben. Fast jede zehnte Art ist sogar vom Aussterben bedroht! Daran haben wir Menschen den größten Anteil.

Industrielle Landwirtschaft, strukturarme Landschaften, fortschreitende Erderwärmung und ihre Folgen, exzessiver Ressourcenverbrauch, Schadstoffemissionen, gleichförmige und zunehmend naturferne Kulturlandschaften (speziell Gärten), um nur die wichtigsten Gefährdungsfaktoren zu nennen. Dabei benötigen

So stachelig Disteln auch sein mögen, Bienen und Co. lieben ihr reichhaltiges Nektar- und Pollenangebot.

Ein wahres Festmahl für bienenfleißige Insekten bietet die strahlend blaue Kornblume feil.

Wildbienen gar nicht so viel für ihr Lebensglück: ausreichendes Blütenpflanzenangebot mit Nektar und Pollen zum Fressen und für die Larvenaufzucht, geeignete Nistmöglichkeiten sowie Material zum Nestbau. Wahrlich nicht zu viel verlangt für ihren unverzichtbaren Einsatz für ein funktionierendes Ökosystem!

Bienen, allen voran Wildbienen, sind für unser gesamtes Ökosystem essenziell: Sie bestäuben unsere Früchte und Pflanzen. Nur so ist der Kreislauf des (Pflanzen-)Lebens überhaupt möglich! Und Bienen sowie allen anderen »durch Feld und Flur« schwirrenden bestäubenden Insekten zu helfen ist gar nicht so schwer. Ganz im Gegenteil!

So einfach können Sie Bienen helfen

Nein, Sie müssen Ihren Garten keineswegs komplett umkrempeln, um einen aktiven Beitrag zum Arten- und Naturschutz zu leisten. Fangen Sie mit kleinen Schritten und sprichwörtlich »wilden« Ecken an.

Mehr Natürlichkeit

Abwechslungsreichere Pflanzbilder, einfach mal etwas wachsen lassen, einheimische Arten bevorzugen, weniger zurechtgeschnittenes Grün. Das alles ist Balsam für Insekten. Wie wäre es mit einer Wiese anstatt Rasen? Weniger Formschnitthecken, dafür lockere Blütensträucher, mehr Wildformen anstatt hochgezüchtete Show-Pflanzen, also solche mit einfachen, ungefüllten Blüten. Lassen Sie das Laub über den Winter liegen, verzichten Sie auf torfhaltige Erden und Substrate (besser ist Komposterde!) und Pflanzenschutzmittel. Mischkultur. Bieten Sie Insekten Unterschlupfmöglichkeiten … viel mehr brauchen Sie schon gar nicht zu tun.

Die einfachste und schnellste Möglichkeit: eine kunterbunte Wildblumenwiese. Einfach die entsprechenden Samen auf sonnigen Flächen locker auswerfen und beim ersten Aufwuchs mit Rasenmäher und Sense gestalten (alles ist möglich: Streifen, kreisrunde Formen und, und, und). Sind später im Jahr alle Blüten leer gesaugt und die Pflanzen im Niedergang begriffen, dann kommen zur Mahd wieder Rasenmäher oder Sense zum Einsatz.

Wenn Sie es beim Wegräumen des Schnittgutes nicht allzu pedantisch meinen, dann haben Sie schon die halbe Miete fürs nächste Gartenjahr, denn die meisten Pflanzen sind überaus fleißig in puncto Selbstaussaat. Bienenfleißig.

Die Blütenmitte der Sonnenblume erinnert an Honigwaben. Das zieht Bienen natürlich magisch an.

Verlockungen ganzjährig anbieten

In den Sommermonaten, wo es sprichwörtlich an allen Ecken blüht und duftet, finden Bienen und Hummeln zumeist ein umfangreiches Nektarmenü vor. Selbst die wählerischsten unter ihnen finden dann garantiert ihre Lieblingsblüte. In der Zeit vor und nach dem großen Blühen kommt es aber sehr oft zu regelrechten »Engpässen«. Das ist Ihre Chance! Mithilfe von expliziten Frühlingsblühern (z. B. Stiefmütterchen) und Zwiebelpflanzen (Hyazinthen, Narzissen, wilde Tulpen etc.) sowie spät und ausdauernd blühenden Arten (z. B. Studentenblume, Zinnie) lassen sich die Versorgungslücken aber mit – für Mensch und Tier – attraktiven Arten problemlos schließen. Bevorzugen Sie bei der Auswahl Arten und Sorten mit ungefüllten Blüten, denn diese bieten deutlich mehr Nektar und Pollen feil als gefüllte.

Ein gut ausgestattetes Insektenhotel bietet Bestäuberinsekten in urbanen Räumen sicheren Unterschlupf.

Jeder Topf hilft

Um Wildbienen, Schmetterlingen & Co. zu helfen, muss es kein weitläufiger Naturgarten sein. Auch ein, zwei explizit als »Bienenweide« deklarierte Töpfe und Kübel sind ein nützlicher – und attraktiver Beitrag zum Artenschutz. Am einfachsten sind »gebrauchsfertige« Samenmischungen oder »Samenbomben« (siehe S. 18/19), aus denen in Windeseile ein kunterbuntes Potpourri erwächst. Am besten sind aber selbst gesammelte Samen von heimischen Wildpflanzen oder entsprechende vorkonfektionierte Samentüten regionaler Anbieter. Damit bieten Sie den Insekten die bestmögliche Nahrungsquelle und verhindern gleichfalls, dass sich Arten ausbreiten, die sich ungünstig auf die einheimische Flora auswirken. Sehr zu empfehlen sind Kräuter, die Mensch und Tier munden, z. B. Dill; eine echte Win-win-Situation.

Festmahl für Bienen, Hummeln & Co.

Färberkamille *(Anthemis tinctoria):* Rundum pflegeleichte und anspruchslose Pionierpflanze (bis 50 cm groß). Die herrlich goldgelben Blüten (margeritenähnlich, Juni bis September) über duftigen filigranen Blättern ziehen ein breites Bienenspektrum an. Sonniger, steiniger Standort auf durchlässigen, nährstoffarmen Substraten. Ideal auch für Töpfe, Kübel und Schalen.

Kornblume *(Centaurea cyanus):* Echter »Blaublüter«! Kornblumen sorgen für romantische Nostalgie und gehören einfach zu hochsommerlichen Landbildern. Schnell wachsend. Am besten auf vollsonnigen Standorten in nährstoffarmen, durchlässigen Substraten. Nicht düngen. Für Insekten aller Couleur erste Wahl auf dem Speiseplan. Perfekt mit Mohn. Aussaat: März bis Juni.

Buchweizen *(Fagopyrum):* Der 20 bis 60 cm große Buchweizen bildet rasch massige Kolonien, die stets von einem kunterbunten Insektentreiben gekennzeichnet sind. Perfekt zur Verwilderung gut besonnter Randbereiche oder als Zwischenkultur, Stichwort Gründüngung. Aussaat ab Mitte Mai bis Juni.

Luzerne, Schneckenklee *(Medicago):* Tiefgründige, sonnig-warme Standorte sind notwendig, damit die Luzerne – »Königin der Futterpflanzen« – ihre bis zu 5 m langen Wurzeln ausbilden kann. Nur für ausreichend große, betont wilde Flächen geeignet. Dort aber bilden ihre kompakten Blütenköpfe ein wahres Festmahl für Bienen, Hummeln & Co. Aussaat: April bis Juni.

Großblütige Strahldolde *(Orlaya grandiflora):* Sehr attraktive weiß blühende Wildpflanze der heimischen Ackerunkrautflora (sonnige Lagen). Bienen fliegen förmlich auf die strahlend weißen Blütenblätter! Blütezeit: Juni bis August; 50 bis 70 cm Wuchshöhe; gute Schnittblume! Am sichersten ist die Direktsaat ab Anfang Mai.

Bienenfreund *(Phacelia tanacetifolia):* Dieser Name verpflichtet. Kaum eine Wildpflanze erschafft derart weitläufige Blütenmeere wie *Phacelia*. Die hellblauen bis tief blauvioletten Blüten bieten von Juni bis September alles, was das Bienenherz begehrt. Pollen und Nektar in Hülle und Fülle! Ganz großes Plus: Durch die lange Blütezeit kann der Bienenfreund eine sommerliche Trachtlücke überbrücken.

TIPP

Bienenweide auf Balkon & Terrasse

- Schnittlauch *(Allium schoenoprasum)*
- Dill *(Anethum graveolens)*
- Goldmarie, Zweizahn *(Bidens ferulifolia)*
- Ringelblume *(Calendula officinalis)*
- Goldlack *(Cheiranthus cheiri)*
- Männertreu *(Lobelia erinus)*
- Zitronenmelisse *(Melissa officinalis)*
- Portulakröschen *(Portulaca grandiflora)*

Klee *(Trifolium):* Einfacher geht's nicht! Lassen Sie den Rasen über die Sommermonate etwas länger wachsen, und schwupps: Der Klee bietet seine Reize feil. Nektarhungrige Insekten werden es Ihnen danken. Nach der Blüte einfach abmähen. Bekannteste Arten: Weiß-Klee *(T. repens)*, Wiesen- oder Rot-Klee *(T. pratense)*. Ideal für weitläufige Naturgärten.

Königskerze *(Verbasum):* Sehr auffällige Art in großer Varietät und z. T. majestätischer Erscheinung mit gelben Blüten in markanten Blütenständen; bei Bienen, Hummeln und Schmetterlingen gleichsam beliebt; Blütezeit: Juni bis September; 50 bis 300 cm Wuchshöhe; Aussaat ab Mai bis Juni oder im September (bei zwei- und mehrjährigen Arten).

Form & Design im Beet

Über Geschmack lässt sich bekanntlich vortrefflich streiten, über die Definition von Design mindestens genauso. Aber, gutes Design besitzt immer auch eine progressive und streitbare Note. Gefallen um des Gefallens willen?

Gestaltungen, die sich bewusst von gängigen (vertrauten, »normalen«, standardisierten) Bildern und Konzepten abheben, sind anders, zuweilen gewöhnungsbedürftig, aber genau aus diesem Grund ungemein spannend. Gerade Gestaltungen, die sich an architektonischen Formen und Linien orientieren, deren Fluchten Bezüge aufnehmen und sie über Anordnung, Strukturen und charakteristische Farbtöne wiedergeben, sorgen oft für staunende bis fragende Blicke. Jedoch, das ist zumeist genau so gewollt und arrangiert. Ihr Credo: Alles ist möglich, was zur formalen Strenge der Architektur von Haus und Garten passt. Oder diese mit betörender Leichtigkeit konterkariert. Kontrast, Harmonie, Disharmonie … sofern das Zusammenspiel von Gebautem und Gewachsenem erkennbar bleibt. Dass dabei zumeist weniger mehr ist, gehört fast schon zum guten Ton moderner Gestaltungen …

Schon eine klar gezogene Kante zwischen Rasen und Wiese sorgt für eine gewisse formale Strenge.

Am Anfang war das … Quadrat

Schließlich lassen sich Ordnung und Disziplin im Beet am besten durch Linientreue vollziehen. Es darf aber durchaus auch kreisrund gepflanzt werden, wenn das Gebaute markante Kreise und Rundungen einfordert und wenn die Abgrenzung zur (grünen) Umgebung konsequent »hart« sowie deutlich sichtbar ist. Auch mathematisch-logische Abfolgen der jeweiligen charakteristischen Elemente spielen eine entscheidende Rolle, um Gestaltungen mehr architektonisch-künstlich als natürlich-zufällig erscheinen zu lassen. Monothematisch, blockig, geradlinig, kantig, sortiert und leicht erfassbar sind die kennzeichnenden Attribute für architektonisch-formale Gestaltungen.

Um auf das Quadrat (»quadratisch, praktisch, gut«) zurückzukommen: Formale Strenge entsteht sofort, wenn Sie mehrere Beete in quadratisch-eckiger Grundform anlegen und zwischen diesen einen definierten Zwischenraum belassen. Idealerweise beziehen sich die Beete in ihren Fluchten auf markante Haus-Garten-Elemente. Die »Füllung« der Beete: wenige Arten, eventuell von einer flachen dauergrünen Hecke (z. B. Buchs, Hebe, Spindelstrauch) eingefasst. Für Ordnung und Disziplin im Beet bedarf es zudem eines ruhigen Untergrundes, d. h., mit einer flachen (2–5 cm) Kies- oder Splittschicht (in konträren Farben) liegen Sie goldrichtig. Die besten Anregungen für formale Strenge bietet ein analytischer Blick auf geometrische Grundelemente. Sie werden staunen, wie viele Gärten aus diesen Elementen »zusammengebaut« sind, denn bei aller Natürlichkeit

Elegant, apart und natürlich: Patagonisches Eisenkraut.

gibt es immer auch Ecken und Kanten, die es aufzunehmen und entsprechend wirkungsvoll wiederzugeben gilt.

Das Beet flach halten

Während es in betont natürlichen Gestaltungen darauf ankommt, der natürlichen Dynamik freie Hand zu lassen und für eine gewisse wildromantische Note zu sorgen, zählt für architektonisch-strenge genau das Gegenteil: wenige, sich nicht durchmischende Arten, die vor allem kompakt und blockig gepflanzt werden, um Kontrast und Intensität entstehen zu lassen. Höhenstaffelung nur, wenn es klare Trennlinien und gestufte Schichtungen gibt! Die wenigsten einjährigen Arten wachsen allerdings kerzengerade und linear, also: pro Beet auf zwei, drei Arten (z. B. Elfensporn, Japanisches Blutgras, Mehliger Salbei) in etwa gleicher Höhe beschränken. Ausnahme: Zierlauch! Der darf gern das definierte Höhenniveau durchbrechen.

Gestaltungstricks

Psst, nicht verraten, hier kommen ein paar »Geheimtricks«. Das gute Gefühl, wenigstens ein bisschen wie ein Profi zu gärtnern, befördert die Gartenlust zusätzlich. Schließlich kann man die meisten Problemchen und Gartensorgen erstaunlich gut ohne fremde Hilfe meistern, und abgucken ist beim Gärtnern immer erlaubt …

Ein Grundstock an Praxiswissen kann also definitiv nicht schaden, und ergänzt um diese ungemein hilfreichen Gestaltungstricks aus dem Profirepertoire sind Sie bestens gerüstet, um Ihr persönliches Gartenglück selbst zu erarbeiten, zu »erpflanzen«, zu erleben.

Eine Art (hier Mehliger Salbei) in verschiedenen Sorten: einfacher und effektvoller geht's nicht.

Pflanzen clever auswählen

Unbedingte Pflicht für die Gestaltung üppig blühender knallbunter Beete ist eine auf Standort und Platzverhältnisse abgestimmte Pflanzenauswahl. Die Kür vereint dann Dauerhaftes mit Saisonalem in raffinierten Arrangements. Raffiniert im Sinne von gestaffelter Blüte, gestuften Wuchshöhen, spannendem Formenspiel und einem definierten Höhepunkt im Jahresverlauf; dem »Knalleffekt«.

Langsam beginnen

Beschränken Sie sich aber für den Anfang auf maximal fünf verschiedene, in ihren Ansprüchen ähnliche Arten, gern jedoch in mehreren Sorten, und lassen Sie dann alles so wachsen, wie es die Laune der Natur will. Rasch werden Sie erkennen, wo Sie vielleicht noch ergänzen können, wo und wann Sie eingreifen müssen – und dass es in 99 % aller Fälle gar nicht so vieler verschiedener Arten bedarf, um richtig Effekt und Wirkung zu erzielen. Das Experimentieren und Erweitern kommt dann von ganz alleine.

Das Drumherum zählt auch

Beziehen Sie immer das direkte und weitere Umfeld in Ihre Gestaltungen mit ein, um möglichst viele Überschneidungen und optische Querverbindungen zwischen Haus, Garten, Beet und Umfeld zu erhalten. Markante Elemente, Fluchten und Formen, Sichtbezüge, prägende Farben, generell der Stil Ihres Gartens oder charakteristischer Elemente auf Balkon und Terrasse (Mobiliar, Pflanzgefäße, Accessoires) sowie der Charakter Ihres Wohn- und Gartenumfelds (urban oder eher ländlich?): Profis schauen genau nach diesen Rahmenbedingungen und Anknüpfungspunkten, um das jeweils passende Gestaltungsrezept zu entwickeln.

Also, nicht loslegen, bevor Sie nicht Ihr Umfeld ausreichend »gescannt« haben. Im Ergebnis werden Sie selbst eine ausgereifte und zu Ihren persönlichen Rahmenbedingungen passende Gestaltung (Beetform und -ausrichtung, Hauptfarbigkeit etc.) entwickeln.

Mut und Konsequenz schaden nicht

Das gilt sowohl für die Gestaltung als auch für die Pflege. Wenn Sie sich trauen, wenige unterschiedliche Arten, diese aber dafür in kompakten Gruppen zu pflanzen oder auch mal nur eine Art sich über eine größere Fläche ausbreiten zu lassen, dann haben Sie den (positiven) Überraschungseffekt auf Ihrer Seite. Einfach mal etwas ausprobieren und von gängigen Konzepten abweichen, schafft neue Eindrücke und Perspektiven. Immer dran denken: Versuch und Irrtum (»trial and error«) sind die maßgeblichen Taktgeber der Gartengestaltung.

Pflege ist wichtig

Bezogen auf die Pflege kommen Sie um Konsequenz gar nicht herum, wollen Sie Ihren Garten fit und bereit für jedes neue Gartenjahr machen. Das Hauptaugenmerk liegt hierbei auf der Bodenbearbeitung, dem Schnitt (vor allem Rückschnitt), der Unkraut-, Krankheits- und Schädlingseindämmung.

Ein Knaller! Rote und rosafarbene Dahlien, die von Afrikanischem Federborstengras durchzogen werden.

Je trockener, umso schöner

Wenn die Sonne richtig brennt, dabei ein trocken-warmes Lüftchen weht und Wasser bestenfalls aus der Gießkanne oder dem Gartenschlauch kommt, dann sollten Sie und Ihr Garten gewappnet sein. Am besten bereits im Vorfeld! In Zeiten zunehmender Wetterextreme im Zuge des unaufhörlich voranschreitenden Klimawandels werden Sie auch gar nicht anders können, als durch eine daran angepasste Wahl der Pflanzen und die Neuausrichtung Ihrer Gartenaktivitäten dieser wahrlich herausfordernden »Gemengelage« zu begegnen. Ein Weg, sich hochsommerlichen Trockenphasen zu stellen, sind Beete mit explizit hitze- und trockenheitsverträglichen Pflanzenarten; Asketen, die schon mit einem Minimum an Nährstoffen und Wasser für maximale Attraktion sorgen, dabei herrlich »selbstbewusst« sind und auch in puncto Standfestigkeit überzeugen: Prärie- und Steppenpflanzen. Ein Blick auf ihre natürlichen Vorkommen (z. B. Mittlerer Westen der USA, Trockenzonen Asiens) macht rasch deutlich, wie sehr sich die Arten auf die extrem trocken-heißen Bedingungen eingestellt haben, ohne auch nur ein Quäntchen an Attraktivität verloren zu haben. Das genaue Gegenteil ist der Fall, denn naturgemäß müssen diese Arten in kürzester Zeit zur Blüte und Samenbildung gelangen, um am Standort weiter zu existieren; in puncto Effektivität sind sie unschlagbar!

Jede Menge trockenliebende Schönheiten wie Lavendel, Fasanenschwanz- und Lampenputzrgras.

Spannungsvoll gestaffeltes Arrangement mit der majestätischen Königskerze als würdiger Krönung.

Auch Natürlichkeit benötigt Planung

Und dabei gar nicht so wenig, denn was möglichst natürlich wirken soll, obwohl es von Menschenhand geplant und angelegt wurde, bedarf einiger konkreter Überlegungen. Schließlich soll die Prärie- und Steppenpflanzung bei aller Natürlichkeit nie zu wild und chaotisch wirken, vor allem trotz kurzlebiger Lebenszyklen ihrer Protagonisten als Gesamtes möglichst dauerhaft sein. Am Naturstandort regelt sich viel von alleine, da wir aber die Natur nachahmen und nach unseren Vorstellungen abbilden, ist die Wahl der Zutaten genau zu überlegen.

Drei wichtige Grundregeln, damit sich gut erfassbare, geschlossene und »funktionierende« Bilder ergeben: Nie zu viele Arten (maximal zehn!) wählen, immer in kompakten Gruppen (mind. zu je drei Exemplaren) pflanzen und unregelmäßig-locker über die Fläche verteilen sowie keine schnurgeraden Linien oder symmetrischen Blöcke pflanzen (Arten betont luftig-locker bis schwungvoll platzieren).

Pflege: nach überstandenem Winter alle Arten konsequent bodennah kappen, eventuell aufwachsendes Unkraut gleich mit entfernen und den Boden oberflächennah gut lockern. Auf Düngen dürfen (müssen) Sie verzichten! Aufgrund der Selbstaussaat der meisten Arten verändert sich das Aussehen der Prärie- und Steppenpflanzung von Jahr zu Jahr, die Hauptakzente pendeln je nach Wetterverlauf zwischen den Arten. Ein korrigierendes Eingreifen macht erst bei ungewünschten Verdrängungen und Tendenzen zur Verwilderung Sinn.

Goldmohn als leuchtende Wegbegleitung.

Schöne Arten für Steppen:

- Kornrade *(Agrostemma githago)*
- Wolliger Fingerhut *(Digitalis lanata)*
- Steppenlilie *(Eremurus)*
- Schlafmützchen oder Kalifornischer Goldmohn *(Eschscholzia californica)*
- Sonnenbraut *(Helenium)*
- Wollhaar- oder Rubingras *(Melinis repens)*
- Marokkanisches Leinkraut *(Linaria maroccana)*
- Rotes Lampenputzgras *(Pennisetum setaceum)*
- Woll-Salbei *(Salvia aethiopis)*
- Königskerze *(Verbascum)*
- Patagonisches Eisenkraut *(Verbena bonariensis)*

Gräser: extrovertierte Strukturgeber

Diese kurzlebigen Eyecatcher mit ihren schmucken Blütenständen und ihrem interessanten Blattwerk müssen Sie kennen; Pflichtprogramm jeder modernen Pflanzengestaltung! Um es sich ganz einfach zu machen, pflanzen Sie die vorgezogenen Jungpflanzen gegen Ende Mai ins Freiland bzw. kommen die Samen in lockerer Verteilung an den gewünschten Bestimmungsort. Dieser kann sich durchaus auch in Töpfen und Kübeln befinden, denn aufgrund ihrer markanten Optik sind die Gräser geradewegs wie gemacht für solitäre Akzente in exponierter Stellung. In Beeten und in direkter Konkurrenz zu imposant wachsenden Sommerblumen sowie möglichen ausdauernden Rahmenpflanzen empfiehlt es sich, die Gräser in kompakten Horsten anzuordnen. Das garantiert Ihnen ein harmonisches Miteinander im Beet, ohne auf eine extrovertierte Note verzichten zu müssen. Die nahtlos ineinander übergehende Kombination mit anderen Pflanzen funktioniert nur dann, wenn die Wuchshöhen, Lichtansprüche und Blühzeiträume auf einer Linie miteinander korrespondieren. Gleichberechtigte Partner zu finden ist dabei gar nicht so einfach und erfordert vor allem Fingerspitzengefühl, um die Arten harmonisch in Beet, Topf und Kübel zu gewichten und ungewolltes Überwachsen und Verdrängen zu vermeiden. Gute Paarungen ergeben aber z. B. Mähnen-Gerste *(Hordeum jubatum)* mit Patagonischem Eisenkraut *(Verbena bonariensis)* sowie Dahlien *(Dahlia)* mit Weißem Lampenputzergras *(Pennisetum villosum)*. Probieren Sie's aus und lassen Sie sich von der ungezwungen-natürlichen Leichtigkeit der Gräser-Sommerblumen-Paarungen begeistern.

Extrovertierte Verspieltheit in Reinkultur: Weißes Lampenputzergras und Patagonisches Eisenkraut.

Neben dem Habitus und den Blütenständen (Ähren und Rispen) bieten sich die zahlreichen Sorten der jeweiligen Grasarten an, um das Spiel mit den Halmen und Blättern für farbenfrohe und kontrastreiche Pflanzbilder zu nutzen. Gestreift, feurig rot, glänzend grün: (fast) alles ist möglich.

Wie auch die meisten Sommerblumen benötigen einjährige Ziergräser ebenfalls sonnig-warme Standorte und eine gute, sprich gleichmäßige und witterungsbezogene Nährstoff- und Wasserversorgung. Nach der Saison die abgestorbenen Pflanzen auf den Kompost befördern und das Substrat wieder auffrischen.

Fünf vielseitige Gräser

- **Mähnen-Gerste *(Hordeum jubatum):*** Das etwa 40 bis 50 cm große Gras sorgt für außergewöhnlich natürlich-flauschige Akzente. Sehr reizvoll! Zwischen Juni und Mitte September zeigen sich die grün-silbrigen Blütenstände, die vor allem Sonne benötigen, um sich prächtig zu entwickeln. Die Mähnen-Gerste eignet sich perfekt, um größere Lücken im Beet effektvoll aufzufüllen und/oder um hohen Blütenständen von Sommerblumen ein locker-flauschiges Polster zu geben.
- **Japanisches Blutgras (*Imperata cylindrica* 'Red Baron'):** Diese bekannt-beliebte Art (30 bis 40 cm groß) brauchen Sie unbedingt, um für feuerrote Blattakzente in Beet, Topf und Kübel zu sorgen; Beeindruckendes Farbspiel! Je sonniger, desto feuriger. Gute Partner sind Zinnien, Feuerroter Prachtsalbei, Lobelien. Recht durstig.
- **Hasenschwanzgras *(Lagurus ovatus):*** Der Name täuscht nicht! Das 30 bis 40 cm große Hasenschwanzgras besitzt ab Mitte Juni bis Ende August unzählige flauschige Blüten- und Fruchtstände, die Vergleiche mit dem putzigen Hinterteil von Hasen förmlich heraufbeschwören. In kleineren Gruppen locker über Beete verteilt, wirkt *Lagurus ovatus* am besten. Für eine solitäre Gruppenpflanzung fehlt es an Ausdauer und optischer Durchsetzungsfähigkeit. Daher besser als »putziger« Akzent zwischen Duftsteinrich oder Vanilleblume setzen.
- **Wollhaargras, Rubingras *(Melinis repens):*** Ein wunderbar rosa-flauschiges Ziergras für spätsommerliche Akzente mit beachtlichen 80 bis 90 cm Wuchshöhe. Passt also durchaus zu Ziertabak, Spinnenblume, Bartfaden oder Sonnenbraut-Sorten und wirkt in kompakten Horsten am beeindruckendsten. Die Blütenhalme machen auch in der Vase etwas her. Gedeiht auch gut im Halbschatten.
- **Lampenputzergras *(Pennisetum):*** Die Gattung mit der größten Vielfalt unter den einjährigen Ziergräsern. Ob spannende Blattakzente (Buntes Fontänengras – *Pennisetum × advena* 'Fireworks'), betörend purpurn durchgefärbte Blatt- und Blütenstände (Purpur-Lampenputzergras – *P. setaceum* 'Rubrum') oder die klassischen (einjährigen) »Lampenputzer« (Weißes Lampenputzergras – *P. villosum*): der maximale Effekt in der Fläche oder in Pflanzgefäßen (toll: *P. s.* 'Rubrum') bei minimalem Pflegeaufwand (stets gut feucht halten, aber Staunässe vermeiden) ist Ihnen mit allen Vertretern dieser Gattung garantiert.

Die Mähnen-Gerste vereint charmant *Petunia* 'Pretty Much Picasso' mit *Nemesia* 'Karoo Pink Improved'.

Gewusst, wie, macht mehr Gartenfreude

Selbst ohne »grünen Daumen« gelingen mit Sommerblumen und Artverwandten Pflanzbilder, die in puncto Attraktivität fast konkurrenzlos sind. Mit dem richtigen Praxiswissen ist der Weg dahin aber deutlich leichter; das Gartenglück währt länger. Viel länger!

Die Basics

Ein bisschen Know-how und Rüstzeug für die Gartenpraxis gehören schlichtweg dazu, zumal es einfach ein sehr, sehr gutes und erfüllendes Gefühl ist, im eigenen Garten Regie zu führen. Auf den folgenden Seiten finden Sie daher hilfreiches Basiswissen, um sich mit Ihren Pflanzen und dem essenziellen Drumherum so richtig vertraut zu machen.

Aus versachlichten Überbegriffen wie Anzucht, Beetvorbereitung, Aussaat, Direktsaat und Pflanzung werden, spätestens nach den ersten eigenen Versuchen, routinierte Handgriffe, die das Gärtnern zur reinen Kür machen! Glauben Sie nicht? Zeit, für die ersten eigenen Geh- bzw. Feldversuche!

Bevor es aber in Beet und Topf und Kübel so richtig zur Sache gehen kann, gilt: Augen auf beim Pflanzen- und Saatgutkauf. Hierzu noch ein paar gesonderte Tipps, denn darauf kommt es in der Praxis wirklich an. Qualität vor Quantität und klare Vorstellungen helfen! Die entscheidenden Faktoren für die Besorgungen sollten aber, neben eigenen Vorlieben und vorhandenem Budget, stets die spezifischen Standort- und Wuchsbedingungen sowie Ihr persönliches Gestaltungsziel sein. Denn, wenn Sie wissen,

Ihre Grundausstattung für knallbunte Beete. Viel mehr benötigen Sie zum Los- und Anlegen nicht!

was Sie wofür und in welcher Menge benötigen, dann vermeiden Sie Fehlkäufe und nachträgliche Enttäuschungen, vor allem aber haben Sie von Beginn an beste Bedingungen in Beet, Topf und Kübel. Denken Sie für die Mengenplanung immer daran, den einzelnen Pflanzen genügend Raum zu geben. Einjährige und saisonale Pflanzungen lassen sich noch gut überblicken, können bei »Wildwuchs« und zu starkem Konkurrenzkampf rasch separiert und variiert werden. Schwieriger wird das schon bei zweijährigen Arten, erst recht, wenn Sie in Kombination mit ausdauernden Arten arrangiert werden sollen. Diese benötigen wesentlich mehr Wuchsraum, um sich gesund zu entwickeln, und können später nicht ohne »Stress« – für Pflanze und Sie! – verändert werden.

Neben einer guten Planung ist die Pflanzenqualität die wichtigste Säule, um widerstandsfähige Pflanzungen mit üppigem Blütenflor zu erhalten. Ganz gleich, wo Sie Ihre Pflanzen kaufen, schauen Sie sich diese immer genau an (siehe S. 102). Das beste Saatgut gibt's aus »eigener Produktion«, sprich über selbst gesammelte Samen, entweder bei Spaziergängen durch die spätsommerliche Natur oder direkt von den Lieblingsblumen Ihres Gartens.

Wichtige Frage: Wo gibt es die besten Pflanzen? Prinzipiell »dürfen« Sie überall dort zuschlagen, wo Sie Pflanzen guter Qualität bekommen. Das kann im örtlichen Gartencenter, im Gartenfachbetrieb oder über entsprechende Internetanbieter sein. Oder auf dem Wochenmarkt. Sie werden überrascht sein, welch gutes Angebot an gesunden Saisonpflanzen Sie da vorfinden. Der große Vorteil: zumeist stammen die Pflanzen

Wichtig! Wurzelballen auf vitale Feinwurzeln prüfen.

aus der Region, sind quasi mit dem Etikett »direkt vom Erzeuger« gekennzeichnet. Pflanzenbörsen von Pflanzenliebhabergesellschaften und Gartenbauvereinen, der einstige »Geheimtipp«, ist aus gutem Grund beliebter geworden: besondere Sorten, preiswerte Ware, gute Qualität. Sie sind gute, regionale Bezugsquellen mit persönlicher Note, d.h., in der Regel gibt es die entsprechenden Infos zur Pflanzenpflege gleich obendrauf.

Oft benötigt man einige Anläufe, um seine persönlichen Lieblingspflanzen und -sorten zu finden, auch müssen Sie den Anbietern ein Stück weit vertrauen, aber durch gute Planung, kritische Betrachtung des Angebots und – für den Anfang – die Konzentration auf bewährte Arten und Sorten kommen Sie Ihrem knallbunten Beet garantiert näher.

Die Gartensaison vorziehen

Viele Gründe sprechen dafür, die Gartensaison schon in den frostigen Wintermonaten zu starten. Auf dem Fensterbrett, im Wintergarten und ähnlichen gleichmäßig (!) warmen und sonnenlichthellen Plätzen.

Für gewöhnlich ist es ja so: Die Pflanzenlust packt einen spontan. Leider gibt es dann meist nicht (mehr) oder noch nicht die gewünschten Pflanzen, weder in pflanzbaren Größen noch in ausreichender Menge, vor allem nicht in guten Qualitäten. Dies gilt für einjährige und generell kurzlebige Arten im Besonderen.

Wenn Sie aber das Pflanzenglück in die eigenen Hände nehmen und die Aussaat dem Warten auf den Saisonbeginn vorziehen, dann können Sie ein Stück weit der Witterung trotzen und sich einige Besorgungsgänge sparen. Apropos Besorgung: Wenn Sie sich im vergangenen Herbst bereits mit dem Saatgut Ihrer Lieblingspflanzen versorgt haben, kann es quasi direkt losgehen. Vielleicht fragen Sie auch mal im Freundeskreis nach, ob jemand Saatgut von passenden Arten vorrätig hält und sich über fleißige Abnehmer freuen würde.

Da sich nicht jede Pflanze, aufgrund spezieller Anforderungen an Temperatur, Lichtverhältnisse etc., für die heimische Aussaat eignet, sollten Sie sich immer fragen, ob Sie diese »harten« Faktoren bieten können. Oft ist es besser, auf vorgezogene Gärtnereipflanzen zurückzugreifen. Das spart Ihnen schlichtweg viel Aufwand und Nerven!

Als grober Starttermin für die Aussaat gilt die letzte Januarwoche. Je nach Art staffeln sich die jeweiligen Aussaattermine dann bis weit in die Saison. Für ganz frühes Saatgut sind spezielle Pflanzenleuchten notwendig, um keimfreudige Bedingungen zu schaffen. Etwa ab Mitte Februar bietet auch die Fensterbank gutes Keimlicht. Die Luft sollte aber auch bei voll aufgedrehter Heizung allzeit gut zirkulieren können. Im Zweifelsfall öfter konsequent durchlüften.

Ganz wichtig für das Gelingen der Aussaat ist die Güte der verwendeten Erde. Diese sollte ungedüngt und keimfrei sein, um konstante und konkurrenzfreie Bedingungen zu gewähren. Die im Handel erhältlichen »Aussaaterden« können Sie mit gutem Gewissen verwenden, denn eigene herzustellen bedeutet einigen Aufwand, vor allem, um Keimfreiheit zu garantieren. Greifen Sie bei Fertigerden vorzugsweise auf welche mit geringem Torfanteil – am besten aber ohne – zurück.

① Füllen Sie Aussaat- oder Anzuchterde in flache Kunststoffschalen.
② Aufstoßen und leicht andrücken, damit eine gleichmäßiges Saatbett entsteht.
③ Streuen Sie die Samen (nicht zu dicht) auf die Erde. Feine Samen mit Sand vermischen, dann geht das einfacher.
Lichtkeimer (steht auf der Samentüte) werden nur angedrückt, alle anderen mit einer feinen Erdschicht (ca. 5 mm) abgedeckt.
④ Gut angießen, hell und warm aufstellen und einfach abwarten…

1

2

3

4

Beetvorbereitung

Ein überaus wichtiger Schritt zum knallbunten Beet. Schließlich gilt es von Beginn an, für optimale Lebensbedingungen der gewählten Pflanzen zu sorgen – und die über die Saison möglichst beizubehalten. Auf den Boden kommt's an! Je höher dessen Strukturgüte und Anzahl bodenaktiver Lebewesen ist, umso leistungsfähiger und weniger anfällig für Stresssituationen (zu viel oder zu wenig Wasser, mechanische Einwirkungen etc.) ist er.

Zunächst heißt es locker machen, damit Sie im weiteren Jahresverlauf locker bleiben können, sprich, Ihr knallbuntes Beet entspannt genießen können. Gehen Sie also im ersten Schritt, am besten mit einem Grubber (»Dreizahn«), richtig tief rein in die Erde und lockern Sie alles ordentlich durch. Dabei können Sie ruhig grobmotorisch und kraftvoll zu Werke gehen, denn je feinkrümeliger Erde und Substrat sind, umso besser: Der Sauerstoffgehalt und die Aufnahmekapazität für Wasser und Nährstoffe steigen, außerdem erfolgt der Wasserabzug rascher, wenn die Speicher dann voll sind. Wichtig: Auch tief wurzelndes Unkraut (Konkurrenz!) in diesem Schritt entfernen. Entfernen im Sinne von entsorgen, schließlich soll nicht schon der nächste Windzug für allerhand keimfreudigen Samennachschub sorgen.

Mithilfe einer Harke wird nun das Beet wieder schön eingeebnet, und je nachdem, wie die Ausgangsbedingungen sind oder ob Sie bewusst Einfluss auf die Boden- und Nährstoffzusammensetzung nehmen wollen (müssen), ist jetzt der optimale Zeitpunkt für bodenverbessernde Maßnahmen (Düngung mit Hornspänen, Abmagerung, Beigabe von organischem Material wie Herbstlaub, Kalk, Sand etc.).

Kurz bevor Sie einsäen oder -pflanzen, ist es ratsam, die vorgesehene Fläche mit einem Rechen oder Sauzahn noch einmal gut oberflächlich zu lockern und dabei eventuell noch an der Oberfläche befindliches Material (z. B. unvollständig verrottete Pflanzenreste vom Kompost) in den Boden einzuarbeiten. Das genügt – jetzt »dürfen« alle Pflanzen ins Beet.

Achten Sie bei allen Arbeiten stets auf gute – knie- und rückenschonende – Haltung. Lassen Sie sich nicht hetzen, und legen Sie, immer wenn Ihnen danach ist, eine kurze Pause ein.

① Spatentiefes Umgraben ist die unerlässliche Basis, damit das Erdreich »pflanzbereit« ist.
② Alles gut mit einem Grubber lockern, um die Struktur des Bodens zu verbessern und den Sauerstoffgehalt zu erhöhen.
③ Sämtliche Wurzelunkräuter und Pflanzenreste wie Wurzeln entfernen; Grabegabel oder Handschaufel sind praktische Helfer.
④ Bei leichten, humus- und nährstoffarmen Böden frischen Kompost aufbringen und mit einem Rechen einarbeiten.
⑤ Bei schweren Böden wie Lehm oder Ton Sand zugeben.
⑥ Eine Handvoll locker eingestreute Hornspäne oder etwas organischer Dünger sorgen für optimale Startbedingungen.

1

2

3

4

5

6

Pflanzen

Jetzt aber raus mit dem Grün! Lassen es Witterung und die entsprechenden Vorhersagen zu, dann gibt es keinen Grund mehr, den selbst gezogenen oder gekauften Jungpflanzen länger die notwendige Frischluft- und Sonnenlichtzufuhr zu verwehren.

Als grober Richttermin gelten die Eisheiligen ab Mitte Mai. Wenn das Auspflanzen vor diesem Termin über die Bühne gehen soll, sollten Sie aufgrund von zumeist noch herrschenden Nachtfrösten und allgemeiner Spätfrostgefahr die sensiblen Jungpflanzen mit einem wärmenden Vlies abdecken.

Und wenn Sie einmal dabei sind (im Beet), dann ist jetzt der richtige Zeitpunkt, um Zwiebeln und Knollen frostempfindlicher Arten wie z. B. Dahlien, Knollen-Begonie, Blumenrohr *(Canna)* ins Erdreich einzubringen. Das gilt ebenso für herbstblühende Zwiebeln (z. B. Herbst-Krokus).

Vergessen Sie bei aller Vorfreude nicht, alle notwendigen Gerätschaften parat zu legen. Zur unverzichtbaren Grundausstattung gehören: Pflanzschaufel (Handschaufel) oder/und Spaten, Transportmöglichkeiten für Pflanzen, Substrat und Geräte (Tragekorb, Schubkarre), Gießkanne oder Wasserschlauch mit Brauseaufsatz, leichte Handschuhe. Dass die Gartenarbeit mit hochwertigen und gut gepflegten Gerätschaften deutlich leichter von der Hand geht, soll hier nur eine kleine Randnotiz sein. Schließlich wollen wir unsere Pflanzenschönheiten endlich an ihren Wirkungsort bringen …

Wenn vorgezogene Jungpflanzen so aussehen: kräftige Stängel, weiße, gesunde Wurzeln und makellose Blätter, dann können sie mit gutem Gewissen direkt ins Beet.

3 – 2 – 1 – eingepflanzt

Zuerst werden die Pflanzgruben und -löcher ausgehoben, die stets etwas größer als die Ballen der entsprechenden Pflanzen sein müssen. Befinden sich die Jungpflanzen in Kulturtöpfen, diese dann umdrehen und kräftig zusammendrücken, damit sich der Wurzelballen von der Innenwand des Gefäßes leichter ablöst und Sie die zarten Pflanzen nicht am Schopf packen müssen und sie durch allzu kräftiges Ziehen unnötig verletzen. Wenn die Pflanzen im Topf festkleben, dann drücken Sie einfach mit einem Stock kräftig durch die Dränagelöcher.

Nach einem kurzen Check des Wurzelballens auf eventuelle Unkräuter und sonstige Auffälligkeiten (»kleine Tierchen«) diesen an allen Seiten auflockern, indem Sie das Wurzelgeflecht entfilzen. Das können Sie mit bloßen Händen, aber auch mithilfe Ihrer Pflanzschaufel machen. Dieser Schritt ist enorm wichtig, um so viel wie möglich Feinwurzeln freizulegen und »startbereit« zum Einwachsen zu machen. Außerdem sind die Wurzelballen dann wesentlich aufnahmefähiger für Wasser und Nährstoffe. Dieser Schritt wirkt wie ein Wachstumsturbo.

Nun erfolgt das Einsetzen der Pflanzen, das idealerweise niveaugleich zu den Kulturgefäßen bzw. mit der Oberkante der Substratoberfläche geschieht. Zu tief gesetzten Pflanzen droht Staunässe, zu hoch stehenden Trockenheit. Bei der Gelegenheit das Substrat noch einmal lockern.

Mithilfe der ausgehobenen Erde werden die Gruben und Löcher unter leichtem Andrücken der Wurzelballen wieder verfüllt.

Ist alles an seinem gewünschten Platz, gründlich gießen und fürs Erste die Natur ihr Werk verrichten lassen.

Mit der Pflanzschaufel ein genügend großes Loch graben und den gesamten Wurzelballen locker einsetzen.

Last, but not least: angießen. Achten Sie darauf, die Pflänzchen weder zu ertränken noch wegzuspülen.

Direktsaat im Beet

Direkt ab ins Beet

Schöner und einfacher kann Gärtnern gar nicht sein. Der Glücksfaktor ist bei erfolgreich aufgehenden (keimender) Saaten, aus der Tüte direkt in die Erde, kaum noch zu steigern.
So viel Gartenglück mit so wenigen, vor allem einfachen Handgriffen. Herrlich – und zur Nachahmung unbedingt zu empfehlen. Das Einzige, was uns hier einen Strich durch die schöne Rechnung machen kann: das (leider nicht immer) liebe Wetter. Alle anderen Faktoren zur Wachstumsförderung können Sie selbst ohne Mühe so einstellen, dass die Direktsaat direkt »funktioniert«.

TIPP

Weniger gedeiht besser

Bitte nicht zu dicht! Damit die Saat so aufgehen und sich entfalten kann wie gewollt, ist auch genügend Platz für jedes einzelne Samenkorn vorzusehen. Die Konkurrenz um Wasser, Nährstoffe und Licht ist während der Keimung immens. Außerdem können Sie sich die Arbeit, zu eng stehende Keimlinge mühsam wieder herauszuzupfen, schlichtweg sparen. Für die jungen Pflänzchen bedeutet jeder Eingriff in die Keimung übrigens Stress pur. Also: Saatgut lockerluftig und nicht gehäuft ausbringen.

Bis auf den klitzekleinen Nachteil, dass die Blüten etwas später ansetzen als bei vorgezogenen (»blühfertigen«) Pflanzen, spricht alles dafür, es per Direktsaat zu versuchen. Am erfolgversprechendsten sind Standorte, die gut besonnt sind und normale, schön lockere Substrate bieten. Sind Beet und Boden gut vorbereitet, kommt das Saatgut entweder breitwürfig (mit lockerem Schwung) oder in vorbereitete Bereiche (locker verteilt). Allzu feines Saatgut mit etwas Sand »beschweren«, um es einfacher verteilen zu können. Auch Perlite oder Vermiculite eignen sich dazu. Die Saat wird anschließend mit einer dünnen (!) Schicht Erde bedeckt. Für Lichtkeimer gilt das nicht – wenn in der Mischung welche dabei sind, steht das auf der Packung. Nun alles gut angießen … ab und zu einen Blick drauf werfen … fertig, dem Gartenglück steht, bis auf freche Vögel und Kleinsäuger wie Mäuse oder Extremwetterlagen, nichts mehr im Weg.

① Der Boden wird vor der Aussaat je nach Anspruch der Samenmischung, die gesät werden soll, optimiert. Schwere Böden mit Sand auflockern, magere, sandige mit Kompost.
② Das vorbereitete Saatgut breitwürfig und mit lockerem Schwung über die Fläche verteilen. Nicht zu dicht säen, sonst behindern sich die Pflanzen später beim Wachsen.
③ Die Saat mit einer dünnen Lage Sand oder feiner Gartenerde abdecken und gut angießen.
④ Fast unglaublich, aber schon nach wenigen Wochen präsentiert sich das Wiesen-Prachtbeete als prächtig blühendes Beet. Wow!

1

2

3

4

Etwas Pflege schadet nicht

Ganz im Gegenteil, sie bewirkt einen regelrechten Vitalitätskick in Beet, Topf und Kübel. Also, ohne Scheu, ran an die Pflanzen!

Sie werden staunen, wie viel mehr und länger Ihre Pflanzenlieblinge blühen, wenn Sie über die Blütezeit fortwährend Verblühtes und Abgestorbenes entfernen. Vorzugsweise mit einer scharfen Schere, um unnötige Wunden zu vermeiden. Die Pflanzenenergie geht dann in die Bildung neuer Blüten(-triebe), nicht in die Fruchtbildung. Regelmäßigkeit und Konsequenz zahlen sich sichtbar aus. Scheuen Sie sich also nicht, den »Pflanzenturbo« zu aktivieren.

Ausputzen ist wichtig!

Entfernen Sie bereits im zeitigen Frühjahr schwache, kranke Triebe und über den Winter Erfrorenes (bei zweijährigen Arten), mindern Sie die Anfälligkeit gegenüber Krankheiten und Schädlingsbefall deutlich und erhöhen gleichzeitig die Blühfreudigkeit. Über das Jahr putzen Sie einfach nach Bedarf aus. Bei vorgezogenen und im Frühjahr ins Beet eingebrachten Jungpflanzen lohnt sich ein Einkürzen der Triebe um etwa ein Drittel – das fördert die Verzweigung, die Pflanzen werden wesentlich kompakter und standfester. Auch erhöht sich die Stresstoleranz durch die optimale Energie-Licht-Ausbeute.

Wenn Sie Verblühtes und Abgestorbenes konsequent abzupfen, dann bleiben Pflanzen länger schön und gesund. Außerdem wird die Blume zur Bildung neuer Blütenknospen angerregt.

Wichtiger aber ist der konsequente und zeitnahe Rückschnitt nach der Blüte, denn bei den allermeisten Arten fördern Sie dadurch einen zweiten Blütenflor zutage! Schließlich gilt es, das kurzlebige Gartenglück so lange wie möglich (»Blütenpracht für den ganzen Sommer«) zu erhalten. Wenn Sie mit Gartenschere & Co. hantieren, immer an schnittsichere Handschuhe denken.

Wasser marsch!

Auf die meisten »To-dos« dürfen Sie zugunsten wertvoller Freizeit gern verzichten, nur nicht auf das Gießen! Ohne Wasser kein Leben, erst recht keine knallbunten Beete!

Achten Sie (vor allem während der Blühphasen im Hochsommer) auf regelmäßige und gleichmäßig-maßvolle Wassergaben, aber vermeiden Sie primär Staunässe, denn mit zeitweiser Trockenheit kommt die Mehrheit der Sommerblumen hervorragend zurecht.

Clever gießen Sie, indem Sie ohne Druck (Brauseaufsatz verwenden!) stets den Wurzelbereich (durchdringend) wässern, also kein Wasser auf die Blätter geben (wahre Brandbeschleuniger in der Sonne) und entweder ganz früh am Morgen oder zu später Stunde gießen.

Düngen – Fluch und Segen zugleich

Viel kann auch zu viel sein! Da es die meisten Pflanzenschönheiten für unsere knallbunten Beete eher nährstoffarm mögen, gilt in puncto Dünger vornehme Zurückhaltung.

Praktisch: Flüssigdünger. Einfach im richtigen (!) Verhältnis dem Gießwasser zugeben.

Es spricht nichts gegen eine wachstumsfördernde Gabe von handelsüblichem Dünger im Juni oder ein bisschen »Bodendoping« im Frühjahr (je nach Ausgangssituation!), aber: Das genügt zumeist auch schon. Überdüngte Substrate bewirken genau das Gegenteil von dem, was Sie eigentlich erreichen wollten. Die Pflanzen sind mit der konzentrierten Nährstoffgabe überfordert und reagieren überdeutlich darauf. Sie verlieren ihre naturgegebene Widerstandskraft und die Spannung in den Zellen, das Gewebe wird dadurch zu weich, ihr inneres Gleichgewicht gerät aus den Fugen (größere Blätter, deutlich kleinere Blüten).

Generell ist Kompost aus »eigener Produktion« die bessere und natürlichere Variante im

● So wie hier Dahlien sollten hoch wachsende Arten ab einer gewissen Wuchshöhe windfest gemacht werden.

Vergleich zu »Vollwertdünger« aus dem Fachhandel. Auch gut: Dünger aus dem Haushalt wie Kaffeesatz. Das Düngen ist frühmorgens (oder bei bedecktem Himmel) am wirkungsvollsten, die Pflanzenzellen stehen nicht unter Stress und sind noch gut aufnahmefähig. Bei voller Sonne können Ihnen rasch Blätter und Wurzeln verbrennen.

Unterstützung erwünscht

Oft unfassbar, zu welch stattlicher Höhe es ein- und zweijährige Arten in ihrem kurzen Leben schaffen. Um beim Emporwachen nicht von heftigen Winden aus der Bahn geworfen (z. B. Dahlien) oder schlichtweg von der eigenen Pflanzenmasse erdrückt zu werden, sollten Sie explizit hoch aufschießenden Arten sprichwörtlich Halt und Unterstützung geben. Die Stützen können aus verschiedenen Materialien sein, sollten aber den Pflanzenproportionen entsprechen. Günstig sind schlanke Rahmenkonstruktionen (Bambusrohre, Kunststoffstangen), die die Pflanzen von allen Seiten »umfassen« und bis etwa zwei Drittel der Wuchshöhe reichen. Praktisch: ausziehbare Systemlösungen aus dem Gartenfachhandel. Die Stützen sollten am besten dunkelgrau sein, nicht grün – so fallen sie weniger auf.

Kultivierte Beete

Hier haben Sie genau vor und nach dem großen Aufblühen die ein oder andere (korrigierende) Aufgabe. Zum Beispiel entfernen Sie diverses über Wind, »Ameisentaxi« oder »aus Versehen« (Rest im Wurzelballen, Substrat etc.) konkurrenzstark aufgekommene Unkraut, und zwar bitte gründlich, um auch feine Wurzeln zu entfernen.

Zur Beetvorbereitung (siehe S. 86/87) kommt übers Jahr, je nach Witterung, in unregelmäßigen Abständen noch gelegentliches (oberflächliches) Lockern hinzu. Eventuell müssen Sie auch etwas Substrat ergänzen infolge von z. B. Auswaschungen nach Starkregen.

Abräumen im Herbst

Der finale oder auch eröffnende Akt ist das komplette Abräumen der Beete im Frühjahr. Über die Frostperiode verbleibt alles einfacherweise in seinem (verlebten) Zustand, zumal es einige Arten wie Patagonisches Eisenkraut und Rudbeckien gibt, die schöne Winteraspekte bieten. Außerdem dient die in sich zusammengefallene Grünmasse allen überdauernden Arten als natürlicher Winterschutz. Haben Sie exotische »Frostbeulen« im Beet, geben Sie zusätzlich noch eine Fuhre Laub obendrauf. Das Abräumen ist denkbar einfach. An trockenen Tagen alles, was geht, mit dem Rasenmäher oder der Sense einkürzen und dann mit Grabegabel und Spaten zu Werke gehen.

TIPP

Attraktive Gründüngung

Kleiner Trick: Nutzen Sie die Genialität der Natur und geben Sie bodenaktiven Arten (Gründüngung) stets ein gutes Plätzchen in Ihren Arrangements. Die Lockerungskraft von etwa Ackersenf, Buchweizen oder dem »Bienenfreund« *Phacelia* ist konkurrenzlos, denn ihre Wurzeln reichen tief ins Erdreich. Die Blaue Lupine beispielsweise kann zusätzlich noch Stickstoff binden. Außerdem machen diese Arten auch optisch etwas her.

Nach dem großen Blühen folgt: das große Ab-/Aufräumen. Geeignete Pflanzenreste kommen auf den Kompost.

Was ab muss, muss ab

Nur keine Angst, es kann überhaupt nichts schiefgehen. Auch wenn Sie jetzt, bevor überhaupt ein einziges knallbuntes Beet in Ihrem Garten emporgewachsen ist, sicher noch nicht daran denken können (wollen), wie sich die entsprechende Fläche von vertrocknetem und in sich zusammengefallenem »Grün« befreien lässt, so sind Mahd und Schnitt ganz entscheidend für Wirkung und Nachhaltigkeit von einjährigen (kurzlebigen) Pflanzungen.

Auf die Mahd kommt's an…

…und zwar im Besonderen, denn wenn Sie nicht eingreifen, dann entscheidet die Laune der Natur über das weitere Schicksal Ihres knallbunten Beetes. Unterschätzen Sie die Eigendynamik (natürliche Sukzession) nicht! Prinzipiell brauchen Sie nur maximal zweimal im Jahr zu mähen. Dafür aber konsequent, zum richtigen Zeitpunkt (standortangepasst) und mit der richtigen Technik.

Wenn Sie zur Tat schreiten, sollte es nicht zu heiß sein und auch nicht regnen. Bei sommerlicher Hitze sind viele nützliche Insekten unterwegs, die »gern« dem Mähwerk zum Opfer fallen. Zeigen Sie ein Herz für Insekten und lassen Sie stets noch ein paar Blumen (denn irgendetwas blüht bekanntlich immer) stehen, um das Nahrungsangebot für Bienen & Co. nicht auf einen Schlag komplett zu vernichten. An regennassen Tagen sollten Sie schon deshalb nicht mähen, weil dann das Schnittgut nicht ordent-

Sense, Heurechen, Schubkarre: das perfekte Trio für naturgemäße Wiesenmahd. Fast wie in alten Zeiten.

lich abtrocknen kann (im Zweifel mit einem Heurechen wenden) – dies ist aber essenziell für das nachträgliche Abfallen der Samen! Überdies leisten Sie sonst ungünstiger Bodenverdichtung Vorschub. Der ideale Zeitpunkt im Gartenjahr für mehrjährige Blumenwiesen liegt gegen Ende Juni und noch einmal genügend weit vor dem ersten Frost, also Mitte/Ende September. Sollte die Pflanzung nur ein insgesamt einjähriger Versuch bleiben, dann kommen nach grobem Absensen der verlebten Grünmasse zusätzlich noch Schubkarre und Spaten zum Einsatz.

… und den Schnitt

Denn damit verschaffen Sie sich und Ihren Pflanzen Luft, sprich Entfaltungsraum und gute Lebensbedingungen (Luftzirkulation). Prinzip und Wirkung sind für die allermeisten Arten identisch: abgestorbene und kranke Pflanzenteile können (müssen!) immer ab, Verblühtes vor allem dann, wenn Sie Ihre Pflanzenlieblinge zu einer zweiten Blüte anregen wollen (kein Muss!). Gehen Sie beim Schneiden konsequent und mutig vor, denn: Es kann nichts schiefgehen! Denken Sie auch an sich und tragen Sie schnittfeste Handschuhe.

Werkzeuge

Je nach Artenzusammensetzung und Mahdzeitpunkt müssen Sie »aufrüsten«, sprich lieber gleich zur Sense greifen, als sich mit dem (ach so bequemen) Rasenmäher die gesamte Flächenstruktur zu zerstören und auf diese Weise vor allem das (so wichtige) Aussamen zu unterbinden. Für das Schneiden von saisonalen Schnittblumen sowie zum Ausputzen der meisten Arten genügt eine hochwertige, leichtgängige Gartenschere. Um Flächen effektiv abzuräumen, muss es dann aber schon eine Nummer größer sein. Denken Sie bei allen Gerätschaften an leicht zugängliche, vor allem trockene, frostfreie Lagerung sowie die Pflege bzw. Wartung.

Freischneider (Rasentrimmer)

Ermöglicht effektive und gezielte Mahd in allen Arbeitshöhen und allen Geländelagen, lohnt sich aber nur für große Flächen, da hohe Investitions- und Betriebskosten (Strom, Benzin, Wartung). Je nach Gerätetyp Gehörschutz tragen und so gut wie möglich auf leicht bewegliche Steine achten (können fürs Umfeld sehr gefährlich werden!).

Rasenmäher

Bequem und unkompliziert, allerdings nur für ebenerdige, niedrige, locker-luftige Naturwiesen, die entstehen, wenn Rasen explizit nicht gemäht wird; gute strom- und vor allem lautlose Alternative: Spindelmäher.

Sense

Mahd nach »alter Schule« wird wieder beliebter, was am klima- und umweltfreundlichen Arbeitsprozess liegt (lautlos, emissionslos, beansprucht kaum Ressourcen), evtl. auch an der körperlichen Betätigung, die aktives Sensen erfordert; damit sich die Sense effektiv und schwungvoll durch die Flächen bewegt, müssen Körperhaltung (Sense passend einstellen!) und Technik stimmen; das Schnittbild infolge scharfer Sensenschnitte ist konkurrenzlos, schon allein, weil es weit schonender für die Pflanzen ist als neuzeitliche (ruppige, grobmotorische) Techniken.

Was tun, wenn …

Clever gärtnern, vorbeugen, auf Perfektion verzichten – und sich auf den Rhythmus der Natur einstellen. Ganz wichtig: Stets die Ruhe bewahren und auf voreiligen Aktionismus verzichten. Außerdem, die paar (z. T. vorhersehbaren) Problemchen kriegen Sie doch locker gelöst.

Viel kann nicht passieren, außer …

Ein paar erwartbare Gartenplagen (Schnecken & Co., »typische Krankheiten«) und auch ein paar unvorhersehbare Gartensorgen (Wetter!) können auftreten. Für die Mehrzahl der (Not-)Fälle gibt es wirkungsvolle Abhilfe. Und wenn einmal etwas nicht wie gewünscht klappt, kein Problem, unsere kurzlebigen Gartenschönheiten sind (samt Substrat) rasch ausgetauscht – neue Pflanzung, neues Gartenglück!

Das Ergebnis von zu dichter Saat: Kümmerwuchs aufgrund Konkurrenz um Wasser, Nährstoffe und Licht.

Eine ganze Menge Ärger können Sie sich direkt sparen, wenn Sie Ihre knallbunten Beete von Beginn an clever anlegen und sich dabei an diesen einfachen Formeln orientieren:

- Genügend Luft im Beet lassen (zu dichte Pflanzung und Saat vermeiden).
- Nicht von Wetterstress überraschen lassen (Wetter checken!).
- Standort und Pflanzen müssen zusammenpassen.
- Wasser- und Nährstoffversorgung am goldenen Mittelweg ausrichten.
- Zurücklehnen und die Natur ihr Werk verrichten lassen.

Vorbeugen

Generell ist Vorbeugen immer die beste Abwehrstrategie, aber auch wenn Sie Ihre Pflanzenlieblinge stets liebevoll pflegen und allzeit für beste Bedingungen sorgen, müssen Sie mit Krankheiten und Schädlingsbefall rechnen. Denn es überrascht Sie genau dann, wenn Sie nicht darauf gefasst sind, Sie für einige Tage in der Ferne verweilen oder das Wetter von einem Extrem zum nächsten springt. Oder weil Pflanzen in der Nachbarschaft befallen sind. Weil alle Pflanzen irgendwann schwächeln und unter

»Stress« leiden, sollten Sie dann vor allem eines tun: Ruhe bewahren und die Ursachen mit Augenmaß bekämpfen. Schnecken und andere blatthungrige Gartenbewohner sollten Sie in einem gewissen Maß tolerieren – im Zweifel ablesen bzw. vertreiben (Vögel etc.) – und stattdessen lieber in Nützlinge und Vitalitätssteigerung von Pflanze und Substrat investieren.

Hygiene muss sein

Krankheiten und Schädlingen sind Sie immer einen Schritt voraus, wenn Sie Verblühtes, Abgestorbenes etc. regelmäßig und konsequent entfernen und einiges von vornherein vermeiden: Staunässe, Austrocknung von Substraten, zugige Standorte. Für gute Luftzirkulation und gleichmäßige Besonnung sind offene Gartenflächen gebäudenahen vorzuziehen.

Krankheits- und Schädlingsabhilfe

Typische Krankheiten

- **Echter Mehltau:** weißer, mehliger Belag auf den Blattoberseiten; oberflächlich leicht abwischbar; häufig bei Temperaturextremen.
  Abhilfe: Befallene Pflanzenteile konsequent entfernen und entsorgen (nicht auf den Kompost!).
- **Grauschimmel:** Faulstellen mit gräulichem Pilzrasen an Blüten, Knospen und Stängeln; wird durch Wind, Regen und niedrige Temperaturen begünstigt.
  Abhilfe: nicht zu dicht pflanzen, nicht über die Blätter gießen.
- **Fäulnis:** welke Blätter, schwache Stängel etc. aufgrund zu hoher Erd- und Luftfeuchte; Pflanzen nur schwer zu retten.
  Abhilfe: Standort- und Substratwechsel, Boden tiefgründig lockern.

Häufige Schädlinge

- **Blattläuse:** Noch vor Sichtbarkeit der Läuse sind Triebe und Blätter auffällig gekräuselt und klebrig.
  Abhilfe: Befallene Pflanzen vorsichtig mit lauwarmem Wasser abduschen und sichtbare Läuse mit einer Handbürste abbürsten.
- **Schildläuse:** Schädlinge und deren Eier sitzen in kleinen Erhebungen auf den Blattunterseiten und an den Trieben.
  Abhilfe: Befallene Pflanzenteile mit Seifenlauge abbürsten, starker Befall ist nur durch Entfernen der Blätter und Triebe eindämmbar.
- **Spinnmilben:** winzige Tierchen (Lupe notwendig!); stark aufgehellte, gesprenkelte Blätter.
  Abhilfe: Befallene Pflanzenteile lauwarm abduschen und ggf. entfernen; Luftfeuchtigkeit erhöhen.
- **Weiße Fliege:** Fleckige, rasch abfallende Blätter, die winzigen Tierchen erkennt man besser mit der Lupe.
  Abhilfe: Änderungen der Standortverhältnisse, von warm und windstill zu kühl und luftig.
- **Wollläuse:** weißwollige Erhebungen an Blättern und Stängeln, bevorzugt in den Blattachseln.
  Abhilfe: siehe Schildläuse.
- **Trauermücke:** Kleine, schwarze Fliegen, auf der Erde; gefährlich sind die Larven: sie fressen die Wurzeln!
  Abhilfe: Wurzelballen gut trocken halten, »Gelbtafeln« aufstellen.

Die schönsten Arten

Spontan erscheint die Pflanzenwahl für das eigene knallbunte Beet als unlösbare Aufgabe. Aber warum so kompliziert? Wenn Standort, Nährstoff- und Wasserversorgung passen, dann kann nicht viel schiefgehen. Der beste Berater: Ihr persönlicher Geschmack!

Die Auswahl ist riesig

Das Sommerblumenangebot ist riesig und kaum zu überschauen, zudem kommen ständig neue Arten, Sorten und besondere Züchtungen hinzu, während andere wieder vom Markt verschwinden. Entweder weil sie sich in ihren spezifischen Eigenschaften nicht bewährt haben oder weil sie kaum nachgefragt worden sind. Zudem haben Zeitgeist und gestalterische Trends großen Einfluss auf das Sortiment der verfügbaren Sommerblumen.

Damit Sie von Beginn an eine gute Orientierung haben und Ihrer Gartenlust freien Lauf lassen können, finden Sie auf den nachfolgenden Seiten eine repräsentative Auswahl der schönsten und zuverlässigsten Arten und Sorten für Ihr ureigenes knallbuntes Beet. Lassen Sie sich einfach von Ihrem persönlichen Geschmack leiten und denken Sie bei der Artenzusammenstellung immer an die Standortvorausetzungen und Bodenverhältnisse Ihres grünen Paradieses, dann kann – wird nichts schiefgehen.

Eine grobe Richtschnur für die allermeisten Sommerblumen und kurzlebigen Pflanzenschönheiten: ein sonnig-warmer, geschützter Standort und eine gute, sprich regelmäßige Wasser- und Nährstoffversorgung.

Dieses extrovertierte Paar ist so ungewöhnlich wie reizvoll: Spinnenblume und Patagonisches Eisenkraut.

Checkliste Pflanzen- und Saatguteinkauf

- Bevor es in die Gärtnerei oder den Gartenfachmarkt Ihres Vertrauens geht, die wichtigsten Überlegungen notieren. Wenn Sie ungefähr wissen, wovon Sie wie viel benötigen und was Sie damit machen wollen, geht der Einkauf wesentlich schneller und stressfreier vonstatten. Außerdem haben Sie dadurch Zeit für eine Extrarunde, um sich vielleicht doch noch zu ganz anderen Arten und Sorten »verführen« zu lassen.
- Es ist praktisch, wenn Sie an ausreichend große und stabile, wasserdichte Transportgefäße, eine Plane für den Kofferraum sowie ein paar gute Handschuhe denken. Schließlich wollen die neuen Pflanzenlieblinge mit dem gesamten Zubehör sicher nach Hause befördert werden.

- Qualität vor Quantität! Versuchen Sie, »Schnäppchen« zu meiden, greifen Sie lieber zu höherwertiger Qualitätsware (idealerweise aus regionaler Herkunft) und schauen Sie sich die Pflanzen vorm Kauf immer genau an. Austopfen erlaubt!
- Hochwertige (gesunde) Pflanzen erkennen: arttypischer und vitaler Wuchs, d.h. viele gleichmäßig lange Triebe, gute Verzweigung, buschig-kompakte Erscheinung; gesunde (nicht löchrige, hängende, gewellte oder gerollte) Blätter in normalen Farbtönen (außer bei bestimmten Sorten); guter Knospenansatz bzw. ausreichend Blüten; fester, nicht zu trockener oder feuchter Erdballen, der von einem Geflecht aus hellbraunen bis weißen Wurzeln durchzogen ist; quillt die Erde förmlich aus den Containertöpfen oder wackeln die Pflanzen darin, handelt es sich um stressanfällige Ladenhüter; abgeknickte Triebe deuten auf sorglosen Umgang beim Transport hin.
- Gutes Saatgut – gute Ergebnisse. Damit die Aussaat möglichst im ersten Anlauf gelingt und auch die daraus wachsenden Pflanzen allen Ansprüchen genügen, sollten Sie ausschließlich hochwertiges Saatgut zertifizierter Anbieter verwenden. Keine Experimente!
- Der frühe Gärtner bekommt die beste Ware. Versuchen Sie, sich den Pflanzenkauf ein Stück weit vor den allgemeinen Saisonbeginn zu legen, denn die meisten Gärtnereien und Fachmärkte haben Pflanzen (durch Vorkultur) schon lange vor den gewöhnlichen Pflanzterminen im Angebot.

Kontrastreiches und doch harmonisches Beet, das durch stimmige Farbigkeit besondere Strahlkraft besitzt.

Knallbuntes Sommerbeet aus u. a. verschiedenfarbigen Mohnsorten. Pflanzbare Lebensfreude.

Roter Garten-Fuchsschwanz
(Amaranthus caudatus)

Die grünen, roten, goldbraunen oder auch purpurnen, samtig-weichen Blütenstände des Roten Garten-Fuchsschwanzes (Synonym: Amarant) sind ein toller Anblick. Der Wow-Effekt ist Ihnen mit dieser stolzen Schönheit garantiert!

Achten Sie auf vollsonnige, gut windgeschützte Standorte und nährstoffreiche Substrate (Kompost!). Beet oder Topf? Passt überall, aber nicht vor Ende Mai, da der Fuchsschwanz ein echtes Temperatursensibelchen ist. Auch sollten Sie hoch wachsende Sorten wie beispielsweise 'Elefantenkopf' und 'Fuchsschwanz' recht bald nach der Pflanzung stützen, damit sie nicht ab- bzw. umknicken.

Große Knorpelmöhre
(Ammi majus)

Eine wunderbare Art, die Große Knorpelmöhre, und geradewegs ideal für betont natürlich-wilde Arrangements an gut besonnten Standorten mit normalen Böden. Die doppeldoldigen, zartweißen Blütenstände ragen bis zu 1,20 m in die Höhe und sorgen für luftig-lockere Akzente im Beet.

Ammi majus fügt sich als natürlich schöner Vermittler prinzipiell in jede Gestaltung ein, eignet sich aber auch für großflächige, wiesenhafte Gestaltungen. Gute Schnittblume! *Ammi visnaga* ist eine kompaktere Alternative, aber ebenso wirkungsvoll.

Großes Löwenmäulchen
(Antirrhinum majus)

Der große Auftritt ist Ihnen mit dem Großen Löwenmäulchen sicher. Vorzugsweise für bäuerlich-ländliche Gestaltungen, die sortenabhängig kunterbunt oder einfarbig (rosa, rot, weiß, gelb, orange) sein können.

Immer benötigen die löwenstarken, je nach Sorte bis etwa 100 cm hoch werdenden Blütenstafetten einen vollsonnigen Standort, darüber hinaus sind sie recht anspruchslos. Tipp: Regelmäßiges Entfernen von Verblühtem fördert die Bildung neuer Blüten. Vorkultur ist empfehlenswert. Schöne Sorten: 'Rocket', 'Black Prince', 'Madame Butterfly'.

Gänseblümchen
(Bellis perennis)

Must-have! Natürlich kennen Sie das Gänseblümchen (Synonym: Tausendschön). Schon die wilde Form bildet entzückende Kolonien. Die Kulturform setzt noch einen drauf und bietet neben weißen auch rosa bis rote Blütenfarben sowie einen schön kompakten Wuchs. Um die eleganten Blütenköpfe kommt man nicht herum. Ideal für Balkon und Terrasse und für den Beetvordergrund. Auch schön: einfarbige Gruppenpflanzung. An sonnigen Plätzen fühlen sie sich am wohlsten und die tausend schönen Blütenstrahlen strahlen sprichwörtlich noch intensiver. Geben Sie als Starthilfe etwas Dünger und im Freiland zusätzlich noch einige Hornspäne dazu und achten Sie auf regelmäßige, aber nicht übermäßige Wassergaben.

Blaues Gänseblümchen
(Brachyscome multifida)

Ein herrlich robuster Dauerblüher, dieses Blaue Gänseblümchen! Ist der Standort sonnig, gut feucht (aber nicht nass!) und das Substrat so normal wie möglich, dann sind Ihnen unzählige feinblaue Strahlenblüten garantiert. Von Mai bis zum ersten Frost!

Wenn Sie Verblühtes regelmäßig entfernen und gelegentlich Dünger nachgeben. Wuchshöhe bis etwa 60 cm und Sorten in Blau, Violett und Weiß. Sehr attraktiv sind: 'White Splendor' (weiß-hellblauer Massenblüher), 'Little Missy' (besonders reichblütig) und 'Amethyst' (dunkelviolett, schön überhängender Wuchs).

Ringelblume
(Calendula officinalis)

Die Ringelblume muss man einfach lieben, denn sie zaubert Groß und Klein ein strahlendes Lächeln ins Gesicht – sie erstrahlt selbst in wunderbar leuchtenden Farben von Gelb bis Gelb-Orange. Und das von Mai bis zu den ersten Frösten, ohne dass Sie groß etwas dafür tun müssen. Topf, Kübel, Beet: passt als farbenfroher Akzent immer. Ringelblumen bevorzugen sonnige Plätze mit normalen, gut feuchten Böden und kann ab Mitte März per Direktsaat ins Freiland. Die Ringelblume ist aber nicht nur schön, sie ist als Bestandteil von Cremes, als Tee, Haarspülung etc. ein echtes Wundermittel aus der Natur. Heilkraft pur!

Marien-Glockenblume
(Campanula medium)

Stopp, die Marien-Glockenblume brauchen Sie unbedingt für ein knallbuntes Beet! Voraussetzung: vollsonnige Standorte mit nährstoffreichen Substraten und mehr als ein Exemplar dieser klassischen Gartenschönheit. In Gruppen und in Kombination mit Rittersporn, Lupinen, Phlox & Co. kommen die zwischen 60 und 90 cm großen Pflanzen mit ihren pastelligen Blüten (blau, rosa, weiß) am besten zur Geltung. Das sich zwischen Juni und September präsentierende Blütenmeer ist beeindruckend. Entweder vertrauen Sie vorgezogenen, gekauften Jungpflanzen, die ab Ende Mai ins Freiland dürfen, oder Sie sorgen über Vorkultur selbst für fitte Pflanzen. Große Exemplare stützen und das Gießen nicht vergessen.

Bunte Sommermargerite
(Chrysanthemum carinatum)

Ihr Name Bunte Sommermargerite gibt die Richtung selbstbewusst vor: bunt. Daher passt sie hervorragend in farbenfrohe, üppig wuchernde Arrangements mit ländlich-rustikaler Handschrift. Unkompliziertes Handling (Direktsaat ab Mitte April), die lange Blühdauer (Juni bis Oktober) und die relative Anspruchslosigkeit, bezogen auf Boden (normale, nicht allzu schwere Substrate) und Standort (Sonne bis Halbschatten), sind echte Argumente für diesen fast vergessenen Gartenklassiker. Schöne Schnittblume! Am einfachsten machen Sie es sich, wenn Sie von der 50 bis 70 cm hohen Sommerblume eine Sortenmischung aussäen.

Spinnenblume
(Cleome hassleriana)

Die je nach Sorte bis zu 150 cm hoch aufragenden Blütenstände (violett, rosa, rot, weiß) sind ein faszinierender Anblick über die Sommermonate und bis etwa Mitte Oktober. Aufgrund ihrer stattlichen Größe gehören Spinnenblumen mitten rein ins Beet oder entsprechend etwas abgerückt in den Hintergrund, zumal sie aufgrund geringer Verzweigung besser wirken, wenn die Stängel verdeckt sind. Bis auf regelmäßige Düngergaben und zurückhaltendes Gießen ist auf sonnigen Standorten mit normalen, gut durchlässigen Substraten nicht viel Pflege nötig. Schöne Sorten: 'Helen Campbell', 'White Queen' (jeweils weiß) und 'Violettkönigin'. Keine Direktsaat, sondern Vorkultur (März/April), ab Mitte Mai ins Freiland setzen.

Schmuckkörbchen
(Cosmos bipinnatus)

Eine wahrlich schmucke Pflanze mit langer Blütezeit (Mai bis zum ersten Frost)! Das pflegeleichte Schmuckkörbchen begeistert mit tollen Blüten (weiß, rosa, rot) und filigranem Laub, am besten auf sonnigen bis halbschattigen Lagen in gut humosen, durchlässigen Böden. Regelmäßiges Entfernen von Verblühtem verlängert die Blütezeit. Gestaltung: am besten in Gruppen, und in Kombination mit Spinnenblume und Löwenmäulchen kann sich ein besonders schönes Bild ergeben. Kann ab März im Topf vorgezogen und etwa Mitte Mai ins Freiland gesetzt werden. Kurzzeitige Trockenheit verträgt das Schmuckkörbchen problemlos. Unbedingt auch probieren: *Cosmos atrosanguineus*, die dunkelrotbraune Schokoladenblume!

Dahlie
(Dahlia)

Die umfangreiche und abwechslungsreiche Gruppe der Dahlien bietet Ihnen grenzenlose Gestaltungsmöglichkeiten. Mixtöpfe, einfarbige Tuffs, als farbstarker Solitär zwischen Ziergräsern, z. B. Rutenhirse *(Panicum)* – Sie haben die Wahl! Dahlien lieben es sonnig und benötigen sandig-lehmige, nährstoffreiche Substrate. Regelmäßiges Gießen und Entfernen von Verblühtem verlängert die Lebensdauer und Blütezeit (Juli bis Oktober). Ab Ende April dürfen vorgezogene Jungpflanzen ins Freiland bzw. das Saatgut ins Beet. Neben den 40 bis 120 cm großen Gartendahlien sind spezielle »Topf-Sorten« (Zwerg- und Topmix-Dahlien) interessant (bis ca. 60 cm groß), z. B. 'Pink Isa', 'American Pie', 'Pablo' und 'Red'.

Bartnelke
(Dianthus barbatus)

Bartnelken garantieren Ihnen üppige Blütenmeere mit Landflair in stimmungsvollen Rot-, Rosa- und Weißtönen (auch kombiniert), und das ohne viel Aufwand! Ob vorgezogene Jungpflanzen oder eigene Anzucht: Das Ergebnis ist wahrlich beeindruckend. Für kurzfristige Blütenfreude in Topf und Kübel unbedingt »fertige« Exemplare kaufen, denn Bartnelken sind zweijährig. Die Samen kommen im Spätsommer direkt ins Beet. Ab Mai des Folgejahres bis Ende Juli zeigen sich dann die kontraststarken Blüten garantiert, wenn Standort (sonnig bis halbschattig) und Rahmenbedingungen (normale, gut feuchte und nur leicht gedüngte Substrate) passen. Gute Schnittblumen, die sich in der Vase bis zu zwei Wochen halten.

Elfensporn
(Diascia)

Der aus Südafrika stammende Elfensporn zaubert ein unwiderstehliches Flair in Töpfe, Kübel und Gartenbereiche, die der malerisch und leicht überhängend wachsenden Schönheit Gelegenheit geben, sich zu entfalten. Alle Arten und Hybriden sind frost- und kälteempfindlich und mögen es betont sonnig. Der Boden bzw. das Substrat sollte locker, durchlässig und leicht sandig sein, damit Fäulnis infolge von Staunässe erst gar keine Chance bekommt. Dennoch sind regelmäßige Wasserzufuhr und etwas Dünger vonnöten, um das Blütenspiel von April bis September voll auszukosten. Vorkultur im Topf ab Februar ist empfehlenswert. Tipp: Eine zweite Blühphase lässt sich durch einen Radikalschnitt nach dem ersten Aufblühen erreichen.

Roter Fingerhut
(Digitalis purpurea)

Der locker über 1 m hoch aufragende Rote Fingerhut ist eine kurzlebige Staude, die länger als zwei Jahre überdauern kann, aber eben nicht muss. Für unsere *knallbunten Beete* ist sie ein unersetzlicher »Fingerzeig«, ein »Ausrufezeichen« erster Klasse, vor allem in natürlich-wilden Gestaltungen und zumeist von Juni bis Juli/August. Schöne Sorten für lichtschattige Standorte und nährstoffreiche, gut feuchte Substrate: 'Suttons Apricot' (aprikosenfarbig, bis 150 cm hoch), 'Alba' (reinweiß, bis 140 cm hoch), 'Gloxiniaeflora' (tiefrote Blütenglocken, bis 150 cm hoch). In Gruppen, entweder im Beethintergrund oder -zentrum wirkt die natürliche Schönheit am besten.

Purpur-Sonnenhut
(Echinacea purpurea)

Ein Sommerbeet ohne Purpur-Sonnenhut? Undenkbar! Auch die Bienen werden es Ihnen danken, denn speziell *Echinacea purpurea* ist ein wahrer Bienenfreund. Die normale Art und prächtige Sorten wie 'Augustkönigin' (purpurrosa), 'Alba' (weiß) und 'Magnus Superior' (karminrot) begeistern mit spektakulären Blüten (Juli, August/September) und vitalem Wuchs auf vollsonnigen Standorten mit nährstoffreichen, gut durchlässigen Substraten. Dass es sich bei den recht trockenheitsverträglichen Echinaceen botanisch um ausdauernde Stauden handelt, soll uns nicht weiter stören, denn vor allem die neuen Sorten und Züchtungen haben zumeist nur eine kurze Lebensdauer – perfekt für ein farbstarkes Sommer-Sonnen-Beet.

Schlafmützchen
(Eschscholzia californica)

Diese Art ist Gold wert! Das Schlafmützchen, auch Kalifornischer Goldmohn genannt, liebt es sonnig, eher trocken und karg, blüht an zusagenden Standorten von Juni bis September in wunderschön leuchtendem Gelb-Orange, das im Sonnenlicht einen faszinierenden Goldschimmer bekommt. Kommt per Direktsaat ab April ins Beet, und da die Pflanzen rasch tief gehende Pfahlwurzeln ausbilden, bekommt man sie da so leicht nicht wieder weg. Aber, wer will diesen 20 bis 40 cm großen Goldschatz schon aus seinem Garten verbannen? Durch Selbstaussaat ist der Fortbestand im Folgejahr fast schon garantiert. Sehr attraktiv wirken betont lückig-zufällige Gestaltungen in Kombination mit Natursteinen.

Gladiole
(Gladiolus)

Klassiker! Frühestens ab Ende April dürfen die frostempfindlichen Zwiebeln der Gladiolen in die Erde. Dann wachsen sie bei regelmäßigen Dünger- und Wassergaben zuverlässig zu stolzen Schönheiten heran, die bei richtiger Überwinterung der Zwiebeln auch mehrere Jahre für Furore sorgen können. Zwei Gestaltungsvarianten: kompakte Gruppenpflanzung oder zu je drei bis fünf Exemplaren in genügend große Beete eingestreut. Spektakuläre Sorte: 'Mon Amour' (goldig-rosa Blütentrauben). Tolle Schnittblume!

Wenn Sie Gladiolen überwintern möchten, sollten Sie das Laub stets an der Pflanze belassen, denn darin speichert sie wichtige Nährstoffe.

Sonnenbraut
(Helenium)

Die Sonnenbraut muss sein! In vollsonnigen Lagen und nährstoffreichen Substraten gehört die trockenheitsverträgliche Pflanze zum obligatorischen Grundstock für naturnahe Pflanzbilder mit steppenähnlicher Anmutung. Große Sortenvielfalt, die sowohl kurzlebige als auch zuverlässig perennierende (ausdauernde) Vertreter kennt. Kennen sollten Sie in jedem Fall diese zwei famosen Hybriden, die mit jeweils attraktiv leuchtenden Blütenköpfen jedes Beet zum Strahlen bringen: 'Moerheim Beauty' (traumhaftes Kupferrot) und 'Goldrausch' (das perfekte Gelb). Per Direktsaat ab Ende April oder vorgezogene Jungpflanzen ab Mai. Bienenweide.

Garten-Strohblume

(Helichrysum bracteatum)

Die 50 bis 60 cm hohe Garten-Strohblume begeistert mit knalligen Blüten (Juni bis Ende August), die von steifen, strohigen Blütenblättern in schönen Farbabstufungen gekennzeichnet sind. Der Standort sollte vollsonnig, trocken und der Boden nicht zu nährstoffreich sowie gut durchlässig sein. Gute Partner sind Tagetes und Ringelblumen. Schöne Sorten: 'Sundaze Flame', 'Nevada Rose', 'Totally Yellow'. Vorgezogene Jungpflanzen (Aussaat März/April) können ab Mitte Mai ins Freiland, alternativ Direktsaat direkt ins Beet. Eine mediterrane, damit hitze- und trockenverträgliche Variante ist *H. italicum,* die Italienische Strohblume; eine hervorragende Strukturpflanze, die auch unter dem Namen Currykraut angeboten wird.

Vanilleblume

(Heliotropium arborescens)

Nicht von ungefähr heißt diese duftige Schönheit Vanilleblume. Ihre schönen violetten, traubigen Blütendolden (Juni bis September/Oktober) umgibt ein wohliger Vanilleduft. Leider ist die Pflanze in allen Teilen giftig. Daher bitte vorsichtig agieren, vor allem wenn neugierige Kinderhände im Spiel sind. In Topf und Kübel kommt die sonnenlichthungrige sowie durstige Pflanze am besten zur Geltung. Düngen: Weniger ist mehr. Interessante Sorten: 'Alba' (weiße Blüten und majestätischer Habitus), 'Vanillezauber' (purpur-violette Blüten mit betörendem Duft), 'Iowa' (amethystfarbener, süßlich duftender Blütenstar).

Fleißiges Lieschen
(Impatiens walleriana)

»Fleißig« bezieht sich beim Fleißigen Lieschen vor allem auf die scheinbar nicht enden wollende Blütenbildung, die sich bei günstigen Bedingungen (sonniger bis halbschattiger Standort; durchlässige, lockere, gut humose, sandig-lehmige Substrate mit mittlerem Nährstoffgehalt) von Mai bis September erstreckt. Der unkomplizierte Dauerblüher benötigt bis auf regelmäßige Wassergaben und gelegentlich etwas Dünger kaum Pflege. Wenn Sie zudem fleißig Verblühtes ausputzen, bildet die Pflanze eine schöne Blüte nach der anderen (weiß, orange, rosa, rot, violett, zweifarbig); »es wird durchgeblüht!«. Ideale Pflanzpartner: Vanilleblumen, Lobelien, Fuchsien.

Buschmalve
(Lavatera olbia)

Buschmalven sind wahre Dauerblüher, denen weder Sommerhitze noch Starkregen groß etwas ausmachen. Die perfekte Basis für natürlich-üppige Beete. Bei guter Nährstoff- und Wasserversorgung blühen manche der zahlreichen, bis etwa 200 cm hoch aufschießenden *Lavatera olbia*-Hybriden von Juni bis Dezember. Wow! Empfehlenswerte Sorten: 'Barnsley' (weiß mit rotem Auge), 'Baby Barnsley' (kompakte Form von 'Barnsley'), 'Kew Rose' (große rosa Blüten), 'White Angel' (kompakte Form mit vielen weißen Blüten). Geben Sie den rasch wachsenden Dauerblühern genügend Raum zur Entfaltung und verzichten Sie zugunsten von Natürlichkeit auf übermäßige Rückschnitte.

Marokkanisches Leinkraut
(Linaria maroccana)

Linaria maroccana ist ein herrlich natürlicher Dauerblüher für sonnig warme, nährstoffarme Standorte. Die 40 bis 70 cm hohe Art mit kleinen, dafür unzähligen löwenmaulähnlichen Blüten (violett, rosa, weiß, gelb; Juni bis September) begeistert mit einer Vielfalt an Gestaltungs- und Kombinationsmöglichkeiten und macht sowohl als Lückenfüller wie auch weitläufige Gruppenpflanzung mit ihrem inspirierenden Farbspiel einen natürlich-schönen Eindruck. Auch für steppenähnliche Pflanzungen geeignet. Nicht zu karge (nährstoffarme), aber durchlässige Substrate wählen. Aussaat ab Ende April direkt ins Freiland, Vorkultur ab März. Das Marokkanische Leinkraut wird gern von Hummeln besucht. Gute Schnittblume!

Männertreu
(Lobelia erinus)

Perfekt für »blaue Stunden«! Männertreu, eine buschig bis überhängend und etwa 25 cm hoch wachsende Blütenschönheit, macht es Ihnen leicht. Bis auf hochsommerliches Gießen und gelegentliches Düngen bedarf *Lobelia* kaum Aufmerksamkeit. Vielmehr sorgt Männertreu mit seinen zahlreichen fächerförmigen Blüten (Mai bis Oktober) selbst dafür und besetzt freiwillig und dankend Lücken und Nischen in Beeten auf sonnigen Standorten mit normalen, gut humosen Böden. Ideal auch für Steingarten-Arrangements. Tipp: Unterpflanzung von Solitärgehölzen. Schöne Sorten: 'Kaiser Wilhelm', 'Schneeball', 'Riviera Rose'. Vorsicht: Die Pflanze ist giftig!

Duftsteinrich
(Lobularia maritima)

Der Duftsteinrich verspricht ein wahrlich duftiges Vergnügen. Nur bei wenigen Pflanzen gelingt es, mit nur einer einzigen Art für ein inspirierendes Blütenmeer in samtigen Farbtönen (Weiß, Rosa, Violett) zu sorgen. Die ballartigen Blütentrauben (Mai bis August) verströmen zudem einen angenehmen Duft. Das ideale Terrain sind sonnige Steinmauern, Terrassen oder ganztägig gut besonnte Beete, die es der Art erlauben, sich frei zu entfalten. *Lobularia* ist überaus pflegeleicht und sollte lieber weniger als mehr gegossen werden. Gute Partner sind Vanilleblumen, Löwenmäulchen und Bartnelken. Wunderschön als Unterpflanzung von Hochstammgehölzen, als Wegbegleitung und in Kombination mit Zierlauch.

Elfenspiegel
(Nemesia)

Elfenspiegel begeistern in den schönsten Blütenfarben (weiß, gelb, rosa, violett, orange, rot; auch zweifarbig) und durch ihren eleganten, leicht überhängenden Wuchs. Daher sind sie ideal für Pflanzgefäße aller Couleur – und Beete mit betont locker-luftiger Erscheinung. Ab Mai dürfen Jungpflanzen ins Freiland und benötigen in puncto Pflege nur regelmäßige Wassergaben und gelegentliches Ausputzen von Verblühtem. Schneiden Sie die Pflanzen nach dem ersten Flor kräftig zurück, das regt einen zweiten an. Standort: sonnig bis halbschattig, Substrat: durchlässig, gut humos, leicht sauer. Interessante Sorten: *N. fruticans* 'Mirabella', *N. denticulata* 'Rose Confetti', *N. sunsatia* 'Cherry on Ice', 'Fragrant Gem' (betörender Duft!).

Ziertabak
(Nicotiana sylvestris)

Dieser Tabak ist garantiert nicht gesundheitsschädlich! Vielmehr ist der Ziertabak eine stolze, wohlduftende Schönheit (100 bis 150 cm, Blütezeit: Juni bis September) für jedes Sommerbeet. Dabei ist er pflegeleicht und recht anpassungsfähig, verträgt sogar leichten Schatten. Achten Sie auf gute Nährstoff- und Wasserversorgung, den »Rest« – die charakteristischen Röhrenblüten – erledigt der Ziertabak für Sie. *Nicotiana* × *sanderae* und *N. alata* sind mit max. 50 cm Wuchshöhe kompakte Alternativen. Der blütenreiche, natürlich schöne Ziertabak harmoniert perfekt mit Schmuckkörbchen und Argentinischem Eisenkraut.
Achtung: Alle Pflanzenteile sind giftig!

Jungfer im Grünen
(Nigella damascena)

Bekannt-beliebte Bauerngartenpflanze, die darüber hinaus jedem Garten mit natürlichem Touch gut zu Gesicht steht. Die Jungfer im Grünen macht es Ihnen dabei sehr einfach, denn ihre Palette möglicher Standorte ist breit gefächert und ihre Ansprüche allgemein genügsam. Nur nasse Füße und tiefen Schatten mag sie überhaupt nicht. Die aparten Blüten zeigen sich den ganzen Sommer (Juni bis September) und in verschiedenen Blau-, Weiß- oder Rosatönen. Die Direktsaat in Topf und Kübel oder ins Beet gelingt problemlos, sodass sich schon bald die attraktiven Blütenstände an den 30 bis 50 cm großen Pflänzchen zeigen. Schöne Sorten: 'Alba', 'Miss Jekyll', 'Moody Blues', 'Persian Rose'.

Kapkörbchen
(Osteospermum)

Schön kompakt wachsender Halbstrauch (idealer Solitär!) mit großen, margeritenähnlichen Korbblüten (weiß, gelb, rosa, violett, orange, rot) von Juni bis Oktober. Kapkörbchen (Synonym: Kapmargerite) mögen es sonnig und bevorzugen durchlässige, lehmig-sandig-kiesige, humose Substrate. Als ideale Partner in Beeten – in Topf und Kübel dulden die wüchsigen Kapkörbchen keine Konkurrenten – bieten sich Ringelblumen, Duftsteinrich und Marien-Glockenblumen an. Gut hitze- und trockenheitstolerant, nur Staunässe wird nicht vertragen. Attraktive Sorten sind: 'Double Purple', 'Hawaii', 'Asti' und 'African Daisy'.

Bartfaden
(Penstemon)

Diese in den USA und Mexiko beheimatete Art hat mit ihren prächtigen glockenförmigen Blüten (Juni bis Oktober; in Rottönen, violett, weiß und untereinander kombiniert) das gewisse Etwas.

Der Bartfaden benötigt für vitales Wachstum (40 bis 90 cm) einen warmen Standort und nährstoffreiche Substrate bei guter Wasserversorgung. Am einfachsten und sichersten ist es, vorgezogene Jungpflanzen ab Ende Mai direkt ins Beet zu setzen und mit etwas Glück schafft es der kälteempfindliche Bartfaden sogar über den Winter. Hohe Sorten wie z.B. 'Husker's Red', 'Joke' vorsichtshalber stützen.

Portulakröschen
(Portulaca grandiflora)

Die zahleichen schönen schalenförmigen Blüten in leuchtenden Farben (weiß, gelb, rosa, violett, orange, rot) machen das gerade einmal 10 bis 15 cm groß werdende Portulakröschen zu einem attraktiven Dauerblüher (Juni bis Oktober) in flachen, flächigen Pflanzungen und Pflanzgefäßen aller Couleur.

Das aus Südamerika stammende Pflänzchen mag es sonnig und benötigt für vitales Wachstum durchlässige, sandig-kiesige Substrate und nur mäßige Wassergaben. Anzucht (März bis Mai) gelingt problemlos und ab Mitte Mai dürfen die Jungpflänzchen ins Freiland. Schöne Sorten: 'Samba', 'Tequila', 'Everbloom Mixture'.

Rauer Sonnenhut
(Rudbeckia hirta)

Und hier der andere Sonnenhut, der dem Purpur-Sonnenhut zwar nicht in der Blütenfarbe, aber in den Ansprüchen, Optik und Verwendung mindestens ähnlich ist, und doch botanisch einer ganz anderen Gattung zugehört. Der größte Unterschied bei der Anzucht ist die Keimung, die sich bei den Rudbeckien über die Wintermonate (»Kaltkeimer«) vollzieht. Die Aussaat erfolgt demnach ab September direkt ins Beet. Rudbeckien (größtenteils gelb bis gelb-orange blühend) werden zwischen 80 und 150 cm groß, bevorzugen durchlässige, nährstoffreiche und gut feuchte Substrate und erzielen als Kolonie den größten Effekt. Auch im Halbschatten!

Mehliger Salbei
(Salvia farinacea)

Sonnig-heiß: das mag der Mehlige Salbei (Synonym: Ähriger Salbei). Die intensiv gefärbten violetten Blütenähren (Juni bis Oktober) sorgen für mediterranes Flair, und natürlich passt dieser kurzlebige Salbei überall da hin, wo auch der winterharte Salbei eine gute Figur machen würde. Im direkten Unterschied sorgt die kurzlebige Form aber für knackigere Farben und fast schon übertriebene Blütenfülle. Mit Garantie bekommen Sie diese, wenn Sie die Pflanze in lockere, nährstoffreiche und betont sandige Substrate auf geschützten, vollsonnigen Lagen setzen.

Ebenso prächtig: Feuersalbei *(Salvia splendens),* der eine tolle Bienen- und Schmetterlingsweide ist.

Königskerze
(Verbascum)

Bis zu wahrlich königlichen 2 m können die zumeist zweijährigen Königskerzen heranwachsen, die es vor allem karg und durchlässig, trocken und heiß mögen. Erstaunlich, zu welch imposanter Statur sie es trotzdem schaffen. Erstaunlich ist auch ihr Vermehrungsdrang, sodass Königskerzen nur für ausreichend große Flächen geeignet sind und am besten in steinige Steppenbeete passen. Als royaler Akzent natürlich! Am bekanntesten: *Verbascum bombyciferum* 'Polarsommer' (Silber-Königskerze) und *V. nigrum* (schöne Sorte: 'Alba' mit weißen Blütenkerzen). Königskerzen werden sehr gern von Bienen, Hummeln und Schmetterlingen besucht; ein reges Schwirren und Summen ist garantiert.

Patagonisches Eisenkraut
(Verbena bonariensis)

Das Patagonische Eisenkraut ist ein rundum dankbarer und pflegeleichter Alleskönner für naturnahe Gestaltungen auf sonnigen Standorten. Schöner Kontrast zu kantigen, weißen Garten- und Gebäudestrukturen.

Am besten wirken Gruppenpflanzungen, die hin und wieder von Gräsern durchbrochen und von weiß blühenden Partnerpflanzen (z. B. *Ammi majus*) kontrastiert werden. Jungpflanzen ab Mitte April ins Freiland setzen und regelmäßig gießen (Staunässe meiden). Bodenansprüche: normale, lockere, gut nährstoffhaltige Substrate. Die Sorte 'Lollipop' ist als kompakte Variante ideal für den Beetvordergrund.

Hornveilchen
(Viola cornuta)

Ob zeitig im Frühjahr (März bis Juni) oder zum Saisonende hin (September bis November), Hornveilchen und Stiefmütterchen *(Viola × wittrockiana)* gehören unbedingt ins Portfolio, um Topf und Kübel und Beet abwechslungsreich und ausdauernd in Szene zu setzen. Die Farb- und Formenvielfalt hält Sorten für alle Geschmäcker und Gestaltungsfragen bereit, etwa klein- und großblumige, ein- oder mehrfarbige Sorten. Gleich sind allen ihr Standort (sonnig bis halbschattig) und die einfache und problemlose Handhabung. Je nach Art und Sorte im Frühjahr oder August/September auspflanzen. Achtung: Jungpflanzen ausschließlich im Fachhandel kaufen, denn »Massenware« kann u. U. gefährliche Pestizidrückstände enthalten!

Adressen, die Ihnen weiterhelfen

Balkon & Gartenbedarf

plantu
Rotherstraße 18
10245 Berlin
www.plantu.de

AFP Marketing GmbH
Raiffeisenstraße 38
27239 Twistringen
www.balkonerlebnis.de

Gartenzauber
Hof Bissenbrook
24623 Großenaspe
www.gartenzauber.com

Gärtner Pötschke GmbH
Beuthener Straße 4
41564 Kaarst
www.poetschke.de

Baldur-Garten GmbH
Albert-Einstein-Allee 4–6
64625 Bensheim
www.baldur-garten.de

Dehner GmbH & Co. KG
Donauwörther Straße 3–5
86641 Rain am Lech
www.dehner.de

Saatgut

Quedlinburger StiftsGarten GmbH
Am Heiligen Brunnen 1
06484 Quedlinburg
www.saat-24.de

Gustav Schlüter GmbH
Bahnhofstraße 5
25335 Bokholt-Hanredder
www.garten-schlueter.de

Saatkontor Ole Schoener
Gut Weilen 9a
28759 Bremen
www.saatkontor.de

Jelitto Staudensamen GmbH
Am Toggraben 3
29690 Schwarmstedt
www.jelitto.com

Wildgärtner Samenmischungen
W. Neudorff GmbH KG
An der Mühle 3
31860 Emmerthal
www.neudorff-wildgaertner.de

Tropica GmbH & Co. KG
Rehbaum 139
48163 Münster
www.tropica.de

Wildbienen Hilfe
Dietmar Finger
Ortseifener Str. 16
51597 Morsbach
www.wildbienenhilfe.de

Ahrens + Sieberz GmbH & Co. KG
Seligenthal
Hauptstraße 440
53721 Siegburg
www.as-garten.de

Bio-Saatgut
Gaby Krautkrämer
Eulengasse 2
55288 Armsheim
www.bio-saatgut.de

Tom Garten
ESH-Rhenania GmbH
Marienberger Str. 10
56470 Bad Marienberg
www.tom-garten.de

Bingenheimer Saatgut AG
Kronstr. 24
61209 Echzell
www.bingenheimersaatgut.de

Samen-Gernand
Bahnhofstraße 24
64347 Griesheim
www.samen-gernand.de

Saatgut-Manufaktur
Hallstattstraße 3
72116 Mössingen-Belsen
www.saatgut-manufaktur.de

Samenhaus Müller
Mörikestraße 1/3
75210 Keltern
www.samenhaus.de

Samen-Frese
Kreuzstr. 15
49124 Georgsmarienhütte
www.samen-frese.de

Naturgarten e.V.
Kernerstr. 64
74076 Heilbronn
www.naturgarten.org

Rieger-Hofmann GmbH
In den Wildblumen 7–11
74572 Blaufelden-Raboldshausen
www.rieger-hofmann.de

Hof Berg-Garten
Lindenweg 17
79737 Herrischried
www.hof-berggarten.de

Saatgut-Vielfalt
Weiherblick 14
79809 Weilheim
www.saatgut-vielfalt.de

wildblumenmatte.de
Werner Fischer
Ahornweg 1
84177 Gottfrieding
www.wildblumenmatte.de

natura-samen
Pestalozzistraße 41
97688 Bad Kissingen
www.natura-samen.de

Voitsauer Wildblumensamen
Voitsau 8
A-3623 Kottes-Purk
Österreich

Pictorial Meadows Ltd
Manor Oaks Farmhouse, 389
Manor Ln, Sheffield S2 1U
Großbritannien
www.pictorialmeadows.co.uk

Stauden

Foerster Stauden
Am Raubfang 6
14469, Potsdam-Bornim
www.foerster-stauden.de

Lerchenfeldstauden
Maria Luer
Lerchenfeld 25
25436 Heidgraben
www.gartenderhorizonte.de

Pöppel-Stauden
Hauptstraße 95
28816 Stuhr-Seckenhausen
www.poeppel-stauden.de

Staudenkulturen Stade
Beckenstrang 24
46325 Borken-Marbeck
www.stauden-stade.de

Staudengärtnerei Kirschenlohr
Im Lammsbauch 29
673346 Speyer
www.stauden-kirschenlohr.de

Die Staudengärtnerei
Till Hofmann
Beerfeldener Str. 28
69483 Affolterbach
www.die-staudengaertnerei.de

Staudengärtnerei Gaißmayer
Jungviehweide 3
89257 Illertissen
www.gaissmayer.de

Sarastro-Stauden
Christian H. Kreß
A-4974 Ort im Innkreis 131
Österreich
www.sarastro-stauden.com

Frikarti Stauden AG
Kirchhaldenstr. 3
CH-6264 Pfaffnau
Schweiz
www.frikarti.ch

Stichwortverzeichnis

Mit * gekennzeichnete Seitenzahlen verweisen auf Abbildungen.

Bildnachweis

Flora Press/Bildagentur Beck: 117l, /Derek Harris: 53, /Domingo Vazquez: 78, /Edition Phönix: 30, /gartenfoto. at: 12, 13, 14, 20, 21, 22, 42, 46, 75, 79, /GWI: 24r, 61, /Hubert & Klein: 66u, /Ian Thwaites: 26/27, /Jonathan Buckley, Design: Helen Yemm, Ketley's: 65, /MAP: 76l, /Martin Hughes-Jones: 47, /Neil Sutherland: 36, / Nova Photo Graphik: 35, /Otmar Diez: 111r, Rosalind Simon: 60, /Visions: 29, 50; **fotolia**/Belamy: 12, /Benshot: 33, /Eurobanks: 32, 100/101, /Goldbany: 96, /John Merlin: 70, /M. Schuppich: 109r, /Marina Lohrbach: 39, 66o, /S.H.exclusiv: 80/81, /Sehbaer_nrw: 9, 64, /Susa Zoom: 2/3, /Tina7si: 103r; **GBA**/Didillon: 23, / Nichols: 72; **Kristijan Matić:** 5l, 19, 82, 85, 87, 92, 93, 95, 98; **Mauritius images**/age/Steffen Hauser: 73, / Brigitte Protzel: 11, 37, 112l, /Dave Zubraski/Alamy: 113l, /Florapix/Alamy: 114r, 120r, /Garden World Images/ GWI/Cora Niele: 55, /Garden World Images/GWI/Gilles Delacroix: 113r, 114l, /Garden World Images/GWI/Lee Thomas: 116r, /Garden World Images/GWI/MAP/Nicole et Patrick Mioula: 58, /Garden World Images/GWI/ Martin Hughes-Jones: 115l, /Garden World Images/John Martin: 110l, /Garden World Images/MAP/Frederic Didillon: 28, 40, 116l, /Garden World Images/Oscar D' arcy: 74, 112r, /Garden World Images/Steffen Hauser: 45, /Garden World Images/Trevor Sims: 8, 107r, /imageBROKER/Christian Hütter: 118r, /Jane Tregelles/Alamy: 59, /RM Floral/Alamy: 17, /Simon Youe/Alamy: 117r, /Steffen Hauser/botanikfoto/Alamy: 24l, 54, 102, /Tim Gainey/Alamy: 38, /Werner Layer: 1; **shutterstock:** 4l, 5r, 106l, /Berna Namoglu com: 118l, /Andrey_Kuzmin: 109l, /Angelina Babii: 69, /Anukool Manoton: 105l, /Dainis Derics: 105r, /David Lade: 106l, /Ingrid Balabanova: 13, /Irina Fischer: 104r, /Jan Herodes: 104l, /janonkas: 120l, /Joy Baldassarre: 121r, /JSOBHATIS168: 16, 121l, /Manfred Ruckszio: 115r, /Michael Warwick: 110r, /Mirko Graul: 68r, /Mirko Rosenau: 108r, /mubus7: 111l, /Natasha Riha: 119l, /Photographee.eu: 83, /Robert Kneschke: 48, /S.Borisov: 68l, /Soleina: 63, 106r, / wegosi: 43, 119r, /Worakit Sirijinda: 108l; **Friedrich Strauß:** 6/7, 10, 15, 25, 49, 88, 89, 91, 94; **Lars Weigelt:** 4r, 44, 56, 57, 76r, 77, 103l.

Über den Autor

Lars Weigelt studierte Landespflege/Freiraumplanung in Dresden. Seitdem arbeitete er unter anderem als Garten- und Freiraumplaner in Karlsruhe, absolvierte ein Volontariat bei einem Stuttgarter Ratgeber-Verlag und hatte eine leitende Tätigkeit in der Wohnungswirtschaft inne. Seit Anfang 2011 verbindet er seine grünen Kompetenzen in Text, Plan und Bild in seinem Redaktionsbüro »die grüne Note«. Als Redakteur verfasst und steuert er Beiträge für gartenrelevante Medien, als Planer entwirft und verwirklicht er Gärten und Freiräume. Den Blick fürs große Ganze und die Verbindung von ökologischer Vernunft mit zeitgemäßem Design sind seine Kernthemen, Gärtnern seine Passion. Mit Esprit und Hingabe vermittelt er Garten-Fachwissen über Magazinbeiträge und Gartenbücher.

Impressum

Bibliografische Information der Deutschen Nationalbibliothek

Die Deutsche Nationalbibliothek verzeichnet diese Publikation in der Deutschen Nationalbibliografie; detaillierte bibliografische Daten sind im Internet über http://dnb.d-nb.de abrufbar.

BLV Buchverlag GmbH & Co. KG
80636 München

Umschlagkonzeption und Gestaltung: BLV Verlag
Umschlagfotos: Gettyimages/Westend61 (Vorderseite), shutterstock/mubus7 (Rückseite)

Programmleitung Garten: Caroline Kaum
Projektmanagement: Kullmann & Partner GbR
Lektorat: Dr. Susanne Güth
Herstellung: Angelika Tröger
Gestaltung und Satz: Kristijan Matić/Kullmann & Partner GbR

Gedruckt auf chlorfrei gebleichtem Papier

Printed in Germany
ISBN 978-3-8354-1633-8

Hinweis
Das vorliegende Buch wurde sorgfältig erarbeitet. Dennoch erfolgen alle Angaben ohne Gewähr. Weder Autor noch Verlag können für eventuelle Nachteile oder Schäden, die aus den im Buch vorgestellten Informationen resultieren, eine Haftung übernehmen.